Jean Bulteau

Du même auteur

Ta blessure ouvre à la lumière, autobiographie, Plon, 2022.

Avec le cœur et le regard du père Henri Planchat, Nouvelle Cité, 2022.

Tout simplement là. La vie et le message de sept moines de Tibhirine, Nouvelle Cité, 2019.

Prier 15 jours avec le pape François, Nouvelle Cité, 2018.

Robert Hossein, Presses de la Renaissance, 2016.

Merci François !, Presses de la Renaissance, 2016.

Prier 15 jours avec Bernadette, Nouvelle Cité, 2002.

François Vayne

Jean Bulteau

Frère, tout simplement

nouvelle cité

Les citations bibliques sont extraites de la TOB, excepté quand elles proviennent d'auteurs comme saint Louis-Marie de Montfort ou de Frère Jean Bulteau lui-même.

Les illustrations photographiques du cahier photo et de la couverture proviennent des collections privées de l'Institut des Frères de Saint-Gabriel ou de la famille de Jean Bulteau.

Couverture : Lectio Studio – Philippe Guitton

Domaine d'Arny
91680 Bruyères-le-Châtel
www.nouvellecite.fr

ISBN : 9782375823224

« L'acquisition de la sainteté de Dieu est votre vocation assurée. »

Saint Louis-Marie Grignion de Montfort

« Apprenons de Jésus, la Sagesse incarnée, comment accueillir l'autre et tisser des liens avec lui, particulièrement s'il est différent, d'une autre culture, d'une autre génération. »

Pape François aux Frères de Saint-Gabriel,
27 avril 2018

« Au vrai, le saint est père, la sainte est mère, car Dieu est amour, et être rempli de Dieu revient à participer à la divine fécondité de l'Amour. »

Chiara Lubich

Préface

La lecture de cette biographie a été édifiante et de multiples facettes ont particulièrement retenu mon attention. Je me permets de les présenter.

D'abord, la découverte d'une vie guidée par le souffle de l'Esprit qui a conduit Frère Jean vers le service de ses Frères dans sa Vendée natale, et ensuite en France et dans le monde de son Institut. Il en est devenu Supérieur général, de 1976 à 1988. Il est venu visiter deux fois les Frères de Saint-Gabriel dans leurs œuvres d'éducation technique, au Brésil, mon pays d'origine.

Ensuite, à travers sa personne, la découverte de la spiritualité de saint Louis-Marie de Montfort, son fondateur. Elle est centrée sur la recherche de Dieu seul, en communion avec Marie, dans la docilité à l'Esprit saint, Frère Jean était rempli du charisme de sagesse de son fondateur qui a eu l'âme d'un grand apôtre. Il a été saisi, dès ses études, à Rome par la sagesse de la croix, c'est-à-dire par l'amour qui s'est anéanti.

Puis la découverte du service humble de la charité. Alors que, de nos jours, nous voulons en savoir plus, sur tout, et souvent avoir le dernier mot, il a été saisi par la force de l'amour qui se fait petit, qui s'anéantit et qui s'ouvre à la fraternité. Il a compris qu'il convient de servir, de se mettre à aimer, à écouter pour trouver et engendrer de bonnes relations. Il a aidé les communautés à mettre la priorité sur l'amour du prochain. Quand nous nous décentrons de nous-mêmes, nos relations y gagnent.

La découverte aussi que toute la vie est un temps d'apprentissage et de croissance et que toutes ces années nous sont données pour aimer Dieu et nos frères et sœurs. La vie consacrée est appelée à s'inspirer du modèle trinitaire en vivant la vie fraternelle en communauté.

À l'initiative d'un Frère de Saint-Gabriel, tous les religieux de l'Inde, en octobre 1980, avaient reçu l'appel à célébrer « la journée de la fraternité », au jour de la fête de saint François d'Assise, avec le plein accord de l'épiscopat. À la suite de cette initiative, Frère Jean Bulteau, Supérieur général, écrivait en décembre 1980 :

« En tant que religieux, par le don quotidien que nous faisons de nous-mêmes aux autres pour l'amour de Dieu, nous pouvons aujourd'hui être les témoins authentiques de l'Église et de la fraternité – ouvrant ainsi modestement la voie vers la fraternité universelle. L'initiative de nos Frères de l'Inde vaut la peine d'être connue, me semble-t-il, et, pourquoi pas, imitée dans d'autres pays. Ce serait une manière de mettre en valeur la richesse que représente notre vie religieuse laïcale pour l'Église. »

Une autre découverte est cette force qui le poussait à aimer Dieu chaque jour en vivant sa Parole. « Celui qui m'aime sera aimé de mon Père et, à mon tour, moi je l'aimerai et me manifesterai à lui » (Jn 14,21). Il a sans cesse travaillé à chercher la communion fraternelle. Cela est bien montré par sa large contribution lors du long épisode de l'élaboration de la Règle de Vie de sa congrégation, selon Vatican II, et cette autre contribution à l'harmonie dans la Famille montfortaine.

Ces intuitions sont au cœur de ce que vivait et enseignait frère Jean pour expliquer le sens de la Règle de Vie et de la vie consacrée.

L'identité du Frère (ou de la religieuse) ne se définit-elle pas comme un mystère de communion pour la mission ? La fraternité est un don reçu, un don partagé de communion et un don offert dans la mission. Et dans le cadre commun qui rend tous les hommes égaux en dignité et dans leurs droits et devoirs communs, les religieux-Frères sont appelés à exercer des tâches déterminées et à vivre des caractéristiques propres à leur charisme de fondation, au service de l'Église et du monde.

Les Frères se rassemblent en un lieu pour développer une expérience de la communion. Pour eux, l'amour mutuel, au centre de tout, devient l'axe qui donne sens à leur action, à condition de s'enraciner en Dieu Amour. L'insertion dans le monde de l'éducation se fait en communauté. Et même, quand les Frères ne peuvent plus s'impliquer dans des tâches professionnelles à cause de l'âge, la seule présence de la communauté consacrée est un signe de réconfort et d'espérance qui témoigne des valeurs et donne du sens à la vie.

Mon souhait est que le charisme de sagesse des Montfortains continue à rayonner de façon universelle chez les personnes de toutes religions et de toutes convictions, à travers les œuvres éducatives et par les moyens médiatiques. C'est toute notre humanité qui a besoin de leur éclairage.

Cardinal João Braz de Aviz,
Préfet de la Congrégation
pour les instituts de vie consacrée

Chapitre 1

Aux sources d'une vocation de Frère

Le fils du sabotier

« C'est à "La Piglière" que j'ai vu le jour, là que j'ai fait mes premiers pas, balbutié mes premiers mots et ma première prière. C'est là que j'ai bénéficié, bien avant de pouvoir en réaliser le prix, de l'affection de mes parents, de l'équilibre de leur foyer modeste, certes, mais honnête, uni et accueillant, toujours soucieux d'une vie chrétienne simple mais profonde », témoigne Jean Bulteau à l'occasion de son 50e anniversaire. Pour l'occasion, une messe d'action de grâces est organisée dans l'église de son baptême, à Belleville-sur-Vie, cette commune vendéenne où la Vie prend sa source, un fleuve côtier d'une soixantaine de kilomètres. Frère Jean est présent, en compagnie d'autres personnes de la localité, nées comme lui en 1930. Devant celles et ceux qui sont réunis pour fêter leurs 50 ans, il affirme : « Je sens encore davantage l'importance et la valeur de mes racines. J'apprécie toujours plus les qualités de solide bon sens, d'équilibre, de foi et de fidélité, qui caractérisent, dans son ensemble, la population de notre Vendée. S'il est vrai, comme on l'a dit avec un peu d'humour, qu'un enfant est achevé d'imprimer à 4 ans, mes premières années et ma première éducation à Belleville ont été sans aucun doute déterminantes pour moi », remarque-t-il aussi en rendant hommage à sa famille et à la communauté humaine locale.

« C'est dans cette église Sainte-Anne que j'ai été baptisé, que je suis devenu enfant de Dieu, c'est ici que je suis venu participer à la messe dominicale durant des années. C'est ici que ma vocation religieuse s'est éveillée, puis peu à peu éclairée et affermie », ajoute-t-il, ce 6 juillet 1980, tandis qu'il est déjà Supérieur général des Frères de Saint-Gabriel depuis trois ans et demi.

« Il y a eu des jours de fêtes et des jours de souffrance, de séparation ou de deuil. Nous avons connu des passages à vide et des moments de plénitude, des moments où nous n'arrivions plus à voir clair et des moments de paix où tout était simple et facile, la vie est ainsi faite. Mais peut-être n'avons-nous pas toujours réalisé que, dans et à travers tous les événements paisibles ou pénibles de notre vie, Dieu était présent et nous invitait à répondre à l'amour qu'il nous porte », poursuit-il, considérant que cette messe peut être aussi « l'occasion de demander ensemble le courage de continuer notre route dans la fidélité ». « Le plus difficile dans l'amour n'est pas de commencer, c'est de durer sans céder à l'habitude. C'est vrai de l'amour entre époux, entre parents et enfants, entre membres d'une communauté religieuse. C'est vrai aussi de notre amour filial envers Dieu, notre Père. Demandons donc à Dieu, pour le temps qui nous reste, de retrouver chaque matin la fraîcheur et la vigueur de notre premier amour. Ainsi, même si les années passent vite, elles demeurent puisque l'amour leur donne valeur d'éternité. »

Jean Bulteau, avec un cœur universel, élargit alors son propos, évoquant ceux qui manquent de tout : nourriture, vêtements, logement, instruction et soins. « Nous ne pouvons pas nous complaire dans notre bonheur ou dans notre réussite personnelle, familiale ou professionnelle d'hommes et de femmes de 50 ans alors que, quelque part dans le monde, nos frères n'ont pas le minimum indispensable à la vie », souligne-t-il, parlant des enfants qui meurent de faim et dont l'image lui saute au visage à chacune de ses tournées de Supérieur général. Devant une assemblée amicale et attentive, il partage avec émotion son expérience vécue dans certaines grandes métropoles du monde, à Bombay par exemple : « Au pied des grands hôtels voisins de l'aéroport, j'ai pu voir des centaines de personnes dormant sur les trottoirs, enroulées dans une simple couverture.

Au cours des quatre mois que j'ai passés en Inde, je me suis souvent demandé comment tant d'hommes et de femmes pouvaient travailler toute une journée dans les champs ou sur les routes en ne mangeant qu'une poignée de riz [...]. J'avoue que j'ai toujours eu un peu honte en rentrant en Europe de constater le gaspillage de notre société de consommation, car les miettes de nos tables pourraient aider beaucoup de ces gens à survivre alors que plus d'un sur deux meurt avant d'avoir atteint la cinquantaine. »

Cet esprit de solidarité trouve certainement sa force dans un terreau familial à la fois équilibré et ouvert, comme il le dit lui-même dans un texte essentiel, écrit au soir de sa vie.

« Ma maison natale n'avait que deux pièces aux murs peints à la chaux, se souvient-il dans ce récit autobiographique. L'une, avec sa petite cheminée, sa table et son buffet, servait de cuisine et de salle à manger, l'autre, avec ses trois armoires et ses trois lits – un pour les parents, un pour les deux filles, un pour les deux garçons –, était notre chambre à coucher. Un grenier permettait de stocker un peu de sarment pour allumer le feu et du foin pour les lapins. Nous étions à la campagne. Un potager offrait ses légumes, ses fruits et quelques fleurs : violettes, roses et jonquilles. Pas d'électricité, pas d'eau courante ; les toilettes étaient au fond du jardin. Une petite rivière coulait à deux cents mètres : j'aimais y pêcher des vairons. C'est là que j'ai vécu jusqu'à l'âge de 12 ans. »

« L'oiseau ne choisit pas son nid [...]. Je n'ai pas choisi ma maison natale – pas plus que ma famille –, mais j'y étais vraiment heureux. J'aime la revoir. Tant pis si je l'idéalise : elle reste pour moi un lieu d'affection et de paix, un lieu de bonheur et d'harmonie », dit-il avec simplicité.

Il est né le 23 février 1930 à Belleville-sur-Vie (Vendée – France), devenue Bellevigny par sa réunion avec Saligny. Ce qu'il décrit de sa maison et de sa famille pourrait s'appliquer au siècle précédent, à l'époque de Bernadette Soubirous, une sainte « bien dans ses sabots » elle aussi, qui avait puisé sa vitamine de croissance dans l'amour de ses parents, comme notre petit Jean. « Mon père, sabotier, travaillait dur pour nourrir la famille ; ma mère tenait la maison et cultivait le jardin. Nous nous aimions vraiment : nous savions le manifester matin et soir par un baiser, et durant la journée par l'attention réciproque que nous nous portions. L'orange de Noël, le gâteau d'anniversaire, les chansons fredonnées certains soirs, les jeux de cartes durant les veillées d'hiver, demeurent des souvenirs inoubliables. Et les voisins, des agriculteurs, élargissaient la famille. Estime et accueil mutuel, entraide, échange de nouvelles et partage des soucis de tous, allaient de soi », raconte-t-il, en nous laissant deviner le secret de sa joie imprenable et de sa vie réussie. Cette « pauvreté contente », selon la belle expression de saint Jean XXIII quand il parlait de sa propre enfance, caractérise les origines de Jean Bulteau, ses racines profondes, qui ont permis à sa vie de donner tant de fruits.

Une lettre décisive

Jean-Louis Édouard, né de Fernand Bulteau et Élise Guichet, baptisé le 24 février 1930, au lendemain même de sa naissance, a une sœur jumelle, prénommée Marie-Josèphe. Les deux benjamins ont une petite dizaine d'années de différence avec leurs aînés, Denise, née en 1921, et Fernand, né l'année suivante. L'exemple de la grande sœur, qui deviendra religieuse, a probablement été décisif durant l'enfance de Jean. Dans cette famille modeste de quatre enfants, la pratique religieuse va de soi et le choix de l'école correspond à cet engagement profondément catholique. Belleville, la « Bella Villa » ou le beau domaine, qui fut jadis une baronnie, a été une plaque tournante des armées vendéennes de 1793 à 1796, pendant la Révolution française. Le général Charette y avait établi sa base arrière d'où il mena une guerre impitoyable aux « bleus ». Il réussit à acculer les républicains à des pourparlers de paix par le traité de La Jaunaye, en 1795. Ce traité a permis de redonner à la France le droit à la liberté de conscience et de culte qui ne sera effective qu'en 1801.

La guerre de Vendée est une guerre civile qui opposa les républicains (gardes nationaux surnommés les « bleus ») à la population de quatre départements au sud de la Loire dont la Vendée. Les abus criminels de la Révolution, les décrets anticatholiques à travers la confiscation des biens de l'Église de 1789, la

Constitution civile du clergé et enfin la conscription qui enrôle les jeunes aveuglément furent parmi les causes de la révolte puis de la répression qui suivit. Les habitants gardent la mémoire du combat de leurs ancêtres pour la liberté, la guerre de Vendée ayant fait 170 000 victimes, auxquelles il faut ajouter 50 000 soldats nationaux.

Si la commune de Belleville compte deux écoles primaires publiques, l'une pour les filles et l'autre pour les garçons, Jean Bulteau fréquente, jusqu'à l'âge de 6 ans, l'école primaire privée catholique où les bambins, garçons et filles, sont sur les mêmes bancs ; elle est tenue par des religieuses.

Ses parents l'inscrivent ensuite à l'école privée catholique pour garçons, tenue par les Frères de Saint-Gabriel, dans la commune voisine, à cinq kilomètres de Belleville-sur-Vie. « Malgré la distance mon père m'y conduisait, sur le porte-bagages de sa bicyclette, le lundi et vendredi matin et venait m'y reprendre le mercredi et samedi soir. Entre-temps, je logeais chez des cousins. Pour des raisons de famille, cela ne dura que six mois. Puis il a fallu fréquenter l'école publique pour garçons de Belleville. Mais les Frères ont maintenu un contact très amical avec mes parents et avec moi. Peut-être avaient-ils pressenti qu'un jour je pourrais devenir l'un des leurs », commente celui qui, à l'âge de 12 ans, rejoindra le petit juvénat des Frères, leur collège, à « La Tremblaie », puis le grand juvénat – le lycée des Frères – à Saint-Laurent-sur-Sèvre, jusqu'à la première partie de son baccalauréat.

L'appel à la vie religieuse retentit en lui de telle façon qu'il est nécessaire de se replacer dans le contexte de l'époque : « Quand j'ai eu 11 ans – rapporte le futur "juvéniste", j'ai reçu ma première lettre personnelle... Elle venait d'un Frère chargé de "recruter" – comme on disait alors – des enfants pour les Frères de Saint-Gabriel. Seul à la maison, je l'ouvris et je lus un simple billet portant la question : "Veux-tu être Frère de Saint-Gabriel ?" J'étais invité à répondre par "oui", "non", ou "peut-être"... J'ai répondu "oui" sans hésiter et je suis allé poster la lettre sans plus attendre. J'éprouvais une très grande joie. Quand ma mère est rentrée, je lui ai raconté ce que j'avais fait. Elle s'est mise à pleurer. Je ne voyais vraiment pas la raison de ses pleurs. Puis, mon père arriva à son tour. Lui me dit simplement : "Pars si tu veux, mais alors ne reviens pas !" À cette époque, commencer une filière religieuse et la quitter étaient une honte pour la famille. »

Ce « [...] ne reviens pas ! » lancé par le père de famille, combien d'autres adolescents l'auront entendu, n'osant pas faire un pas en arrière ensuite, continuant peut-être à contrecœur ? De plus, avant d'obtenir la seconde partie du baccalauréat, il fallait d'abord passer par les deux ans de noviciat, ce qui n'était pas innocent de la part des Frères qui, par ce procédé, s'assuraient de ne pas perdre en chemin les vocations cultivées depuis l'enfance. Dans le cas de Jean Bulteau et de nombreux autres Frères qui se sont épanouis dans cette vocation « gabriéliste », l'appel résonna très juste et la réponse correspondante déploya une joie intérieure qui ne s'est jamais démentie.

Le fils du sabotier avait le cœur libre pour se consacrer à un grand idéal. Voilà comment il raconte ce qui s'est passé après qu'il a posté sa lettre : « Quelques semaines plus tard, le Frère recruteur est venu à la maison. Ne sachant pas où nous habitions, il s'est adressé aux sœurs de l'école privée des filles. La Mère supérieure lui a répondu : "Cet enfant n'est pas pour vous, il est pour le séminaire !" Quant à moi, je fus très content de sa visite et des détails qu'il me donnait, photos à l'appui, sur ce qu'est un Frère dans une congrégation enseignante et sur la vie qui m'attendrait au juvénat des Frères… où j'allais rentrer l'année suivante. »

« En cours d'année, deux prêtres m'ont incité à rejoindre plutôt le séminaire que le juvénat. Mais mon choix était fait », dit-il encore. Un choix motivé par deux raisons : « Je trouvais bien trop longues les études conduisant à l'ordination sacerdotale et je ne me voyais vraiment pas en chaire en train de prêcher !… J'ai compris depuis que, Dieu n'étant qu'amour, son appel ne manque ni de délicatesse ni même d'humour : en effet, mes supérieurs me demanderont plus tard de faire quatre années d'études en sciences religieuses, à l'université du Latran, à Rome ; et les occasions de prêcher ne m'ont pas manqué au cours des diverses obédiences qui m'ont été confiées. »

À 12 ans, il déménage donc une première fois pour rejoindre « La Tremblaie ». Avec une centaine de camarades, il a d'abord vécu dans un joli château de style italien, du moins par ses façades, puis dans l'aile d'un immense collège où le groupe avait son entière autonomie, à côté de la maison mère de la congrégation, à Saint-Laurent-sur-Sèvre. « Quel changement ! Grands dortoirs aux lits espacés les uns des autres, grand réfectoire où l'on mangeait, tout en écoutant une lecture, grands escaliers, longs couloirs… En fait, les conditions de vie matérielles m'importaient peu. Les Frères étaient toujours avec nous : en classe bien sûr, mais aussi à table, au dortoir et à la prière. Ils partageaient jour et nuit notre vie et savaient créer un réel climat de famille », se remémore-t-il avec beaucoup d'affection pour ses formateurs qui se sont toujours comportés de manière exemplaire à son égard. « L'éducation physique et les jeux contribuaient à notre épanouissement. Nous étions moins des élèves ou des pensionnaires que des adolescents de la grande famille gabriéliste dans laquelle nous allions nous intégrer progressivement. Nous nous sentions réellement chez nous », atteste-t-il.

Il est plutôt animateur et « dynamiseur », aussi bien sur la cour comme en dehors, pour les jeux de piste et parties de foot endiablées ; de plus, il s'applique beaucoup et avec joie à ses exercices spirituels. « C'était un bon chef de camp ayant le sens de la gagne », selon les souvenirs d'un de ses confrères religieux, plus jeune d'un an, Frère Marcel Averty, qui insiste sur le dynamisme de Jean et son « petit côté farceur ».

À 17 ans, il entre au noviciat du « Boistissandeau », à Ardelay, Les Herbiers, pour deux années, de 1947 à 1949. Il n'a rien oublié de ces heures fondatrices : « Encore dans un château, au creux d'un vallon de verdure. Au printemps, les marronniers en fleur étaient magnifiques. Mais pas le moindre confort ! Nous étions une quarantaine et nous n'avions qu'un seul robinet, dehors, pour la toilette du matin. Une forte relation nous liait au maître des novices. Il avait ses exigences et même quelques manies, mais il était foncièrement bon et nous sentions son affection envers chacun et son désir intense de nous faire découvrir et aimer le Christ et Marie. Ses collaborateurs, plus discrets dans leur tâche de formateurs, étaient constamment avec nous. Qu'importait alors d'habiter un château aux murs épais, isolé dans la nature ? Ce qui comptait, c'était le climat fraternel qui régnait entre nous et la préparation à notre première profession religieuse. J'aimais la chapelle où une statue représentait saint Louis-Marie de Montfort, offrant son cœur à bout de bras à la Vierge Marie portant l'Enfant Jésus. »

Il devient peu à peu un disciple de saint Louis-Marie Grignion de Montfort, le père fondateur de sa famille religieuse, apprenant de lui à se faire « esclave d'amour » de Jésus-Christ par les mains de Marie, libéré du joug de la loi à la suite de saint Paul lui-même, pour se découvrir fils de Dieu, gratifié de la liberté dans l'Esprit. Fort de cet « esclavage » filial volontaire et libérateur, prêt à donner sa vie, il prononce alors ses premiers vœux, le 8 septembre 1949. Il avait reçu son nom de religieux « Aimé-Marie » à son entrée au noviciat en avril 1948.

Fasciné par le « oui » de Marie

Après un an de scolasticat en 1950 – dans une autre maison de la congrégation – et la seconde partie de son baccalauréat en poche, il est envoyé à l'école normale des instituteurs de l'enseignement catholique en Vendée, à « La Tourtelière », sur la commune de Montournais. Il y enseigne les mathématiques et les sciences aux élèves de 4e et de 3e. « Nous étions quatre Frères, mais nous n'avions pas de locaux réservés à la communauté. Chacun de nous était en charge d'un dortoir. Je partageais un petit bureau avec un confrère. Nous prenions nos repas avec les élèves ou, durant les vacances, avec les prêtres qui dirigeaient l'institution et quelques professeurs laïcs. Le contact avec les prêtres et les laïcs était certes un enrichissement mutuel. Mais nous sentions que quelque chose nous manquait, et nous n'étions pas en mesure de changer la situation, confie-t-il. Avoir une salle de communauté agréable où nous aurions pu nous retrouver entre Frères était, à mes yeux, un minimum auquel nous aurions eu droit. Nous risquions de céder à l'individualisme… même si ce ne fut pas le cas. J'ai pu expérimenter ainsi que la maison et le cadre de vie exercent une réelle influence sur les relations fraternelles. La fraternité n'est pas une vertu désincarnée : elle a besoin d'un support matériel pour s'exprimer et grandir », considère celui qui, plus tard, contribuera grandement au souffle nouveau destiné à revitaliser ses communautés.

Il retourne ensuite au grand juvénat des Frères, à Saint-Laurent-sur-Sèvre, comme professeur, de 1952 à 1956, sauf le temps du service militaire, dix-huit mois, puis sept mois comme « rappelé » en Algérie. La communauté du juvénat comptait huit Frères, assez jeunes. Chacun avait sa cellule dans le dortoir qu'il surveillait. « Nous n'avions comme salle commune que celle dite "des professeurs". Nous étions constamment avec les jeunes, immergés au milieu d'eux. Nous parvenions, je le crois, à créer pour eux un climat de famille, mais nous n'avions pratiquement jamais le temps de nous retrouver ensemble, si ce n'est le samedi soir, durant une heure, pour évaluer leur comportement. Et nous prolongions ce temps par un long moment de détente, moment trop rare, indispensable. Jamais de temps programmé d'échanges spirituels entre nous. Chacun menait sa vie religieuse sérieusement mais individuellement, aidé par l'entretien périodique avec le Supérieur local. Nous ne sentions pas le besoin d'accentuer la dimension communautaire de notre vie. Nous n'éprouvions donc pas le besoin d'avoir des locaux adaptés pour cela », reconnaît-il avec le recul de l'âge, comme si cette expérience de jeunesse l'avait convaincu, une fois devenu responsable des Frères, vingt ans après, à insuffler davantage d'esprit fraternel dans leur Règle de Vie.

Frère Paul Texier, qui fut l'un des jeunes élèves de Frère Aimé-Marie (Jean Bulteau) au juvénat, remonte dans sa mémoire : « Il était l'animateur de notre classe de 3e, en même temps que notre enseignant de mathématiques, géographie, physique, chimie… J'ai souvenir de cours très classiques. L'enseignant transmettait ce qu'il avait lui-même reçu pendant son juvénat, sans documentation particulière, avec pourtant quelques manipulations élémentaires en physique-chimie, au laboratoire. Ah ! ces mille grains de mercure éclatés de leur coupe renversée sur la paillasse, qu'il a fallu récupérer un à un ! Le dimanche matin, entre le petit-déjeuner et la messe, le Frère Aimé-Marie réunissait les chefs d'équipe de la classe. Durant cette réunion, ils évaluaient ensemble la semaine et décidaient d'une "consigne" pour améliorer quelques aspects de la vie de la classe dans le juvénat. Le Frère animateur de la classe conduisait aussi la récollection mensuelle. Plutôt que le texte brut, le Frère Aimé-Marie préférait lire l'événement raconté dans une sorte d'histoire de Jésus, *Le Libérateur* (Pierre Thivollier, des Fils de la Charité, 1910-2004). Cette lecture nous satisfaisait, par la vie et le mouvement qu'elle introduisait dans les textes évangéliques. »

Frère Aimé-Marie est notoirement délicat envers les jeunes, comme vis-à-vis de deux d'entre eux dont la mère est décédée ou celle d'un autre, hospitalisée.

Tous voudront d'ailleurs l'entourer de leur présence affectueuse, à Belleville-sur-Vie, lorsque, à son tour, il perdra sa maman.

Un matin de mai 1956, à la fin du petit-déjeuner, les juvénistes apprennent que les gendarmes de Mortagne sont venus quérir Frère Jean Bulteau, rappelé dans l'armée pour prendre des fonctions de chef de section en Algérie… « Je ne suis pas sûr que toutes nos lettres d'équipes lui soient parvenues dans ce que nous appelions le fin fond du bled », note Frère Paul Texier.

En mai 1956, Frère Jean est donc rappelé comme sous-lieutenant pour participer à cette guerre d'Algérie. Les troupes se rassemblent au camp de Coëtquidan, en Bretagne. Au mess des officiers, il partage les repas avec d'autres sous-lieutenants et leurs jeunes épouses venues rejoindre leurs maris avant le prochain départ. Un matin, au bout d'une huitaine de jours, l'une d'elles, seule en face de lui, lance à brûle-pourpoint : « C'est dommage que vous ne soyez pas marié !… Vous auriez rendu une femme heureuse ! » « Elle avait sans doute raison, écrit Jean Bulteau dans un court mais précieux récit de sa vie, mais ce n'était pas le choix que Dieu m'avait invité à faire. »

Le temps passé dans le djebel algérien le forge à diriger les hommes et à entretenir leur moral dans une dynamique communautaire. Une citation militaire le présente comme un « officier d'un calme courage, ayant fait preuve d'un dynamisme et d'un sens aigu du terrain ». Il sera promu capitaine, trois ans après, alors qu'il était dans « la réserve ». Le futur cardinal Paul Poupard est notamment l'un de ses compagnons d'armes.

« La vie de caserne peut susciter une réelle camaraderie, mais les bâtiments, massifs et fonctionnels, les chambrées avec leurs lits à étage, les cours carrées et le terrain de tir n'ont rien de très humanisant. Quant à la guerre d'Algérie, avec la vie sous la tente ou dans les maisons kabyles, les opérations de jour ou de nuit, le fait d'aborder tout Algérien comme suspect potentiel et donc de s'en défier, elle ne nous portait guère à apprécier les paysages, les hommes ou l'habitat », exprime avec réserve Jean Bulteau, qui ne sera jamais très prolixe sur cette période très dure de sa vie, comme tous les soldats français d'ailleurs qui ont eu l'occasion de se frotter, par l'appel aux obligations militaires, à cette guerre en Algérie. La conscience de la brièveté de la vie humaine et les longues soirées à regarder les étoiles dans le silence de la montagne, en Kabylie, ont probablement raffermi sa décision de poursuivre sur la voie de la consécration religieuse.

Au cours des années de formation et de service militaire, les motivations de Frère Aimé-Marie se sont naturellement précisées et affinées, comme il le souligne : « Je crois avoir répondu consciemment et librement à un choix d'amour de Dieu sur moi, par un don total, en m'engageant définitivement dans la congrégation des Frères de Saint-Gabriel, à l'âge de 27 ans, après huit années de vœux temporaires. »

Au retour du djebel, il s'engage définitivement, à Saint-Laurent-sur-Sèvre, berceau de sa congrégation, près du tombeau de saint Louis-Marie. Un grand pas dans la foi, qu'il actualise par ces mots, cinquante ans plus tard : « Le 15 août 1957, je me consacrais totalement et définitivement au Christ. Je le faisais naturellement par les mains de Marie à qui j'avais tout donné, à la manière de Montfort, durant mon noviciat. Au dos de mon image de profession, j'avais écrit ces trois mots : Ecce, Fiat, Magnificat… Je les considérais comme mon programme de vie ! C'était ma manière de "prendre Marie chez moi", pour vivre avec elle, dans son intimité et celle de son Fils, pour vivre comme elle la Parole de Dieu et faire filialement la volonté du Père en toutes circonstances. Le "oui" de Marie m'a toujours fasciné, ce "oui" prononcé à l'Annonciation et qu'elle a redit sans cesse jusqu'à la croix, étroitement associée à son Fils venu rassembler dans l'unité les enfants de Dieu dispersés… Ce "oui" qui l'a conduite à accepter de tout perdre, jusqu'à Jésus lui-même, pour le salut de tous. Ce même "oui", que Dieu attend de moi, elle m'a constamment aidé à le dire librement et sans réserve, jour après jour : soit dans les simples circonstances de la vie quotidienne, notamment en communauté, soit quand on m'a demandé d'assumer diverses responsabilités au service de l'Institut ou dans la vie paroissiale et diocésaine. Pour tout cela, je ne puis que rendre grâce et dire à Marie : "Donne-moi, pour le temps qui me reste, de te dire merci, en répétant – et surtout en continuant à vivre – jour après jour : Me voici, d'accord, Magnificat !" »

« Ne vous inquiétez pas [...]. On bâtira »

En 1958, Frère Aimé-Marie est envoyé à Rome étudier les sciences religieuses à l'institut Jesus Magister de l'université du Latran, ses supérieurs ayant discerné en lui des capacités au-dessus de la moyenne. « J'ai vécu, avec trois confrères, un Français et deux Canadiens, quatre années d'études universitaires à Rome. Nous étions accueillis dans la communauté des étudiants des Frères des écoles chrétiennes, au sein de leur immense maison généralice. La prière était partagée matin et soir avec tous les Frères de la maison. Nous avions chaque jour un temps de prière entre nous, Frères de Saint-Gabriel, dans l'une de nos chambres », se rappelle-t-il.

Il fait l'expérience de l'éloignement et de l'autonomie, dans une relation de fidélité, où son identité religieuse se renforce : « Tout en étant parfaitement intégrés dans la communauté des étudiants, nous allions rencontrer chaque dimanche – à trois quarts d'heure de bus – le Procureur général de notre Institut qui faisait fonction de Supérieur local. C'était un peu étrange de ne pas avoir de supérieur sur place, mais nous nous en accommodions. Cela nous donnait l'occasion non seulement de lui parler personnellement, si nous en éprouvions le besoin, mais aussi de partager un repas avec la communauté gabriéliste de laquelle je vivais. »

Durant ces quatre ans, il apprécie d'avoir, pour la première fois de sa vie, une chambre personnelle avec lit et bureau de travail. Il aime vivre avec des Frères d'une autre congrégation et dans une communauté internationale : « Cela relativisait l'importance donnée antérieurement à certaines réalités liées au contexte local où j'étais né, note-t-il. Ni l'ampleur des bâtiments, ni la diversité de nos origines nationales, ni les différences entre nos deux congrégations n'étouffaient la spontanéité et la joie de nos relations fraternelles. »

L'institut d'études en sciences religieuses, Jesus Magister, venait d'être créé en 1957 par la Congrégation romaine pour les religieux, afin de donner aux Frères enseignants « une solide culture en sciences religieuses telle que l'exige aujourd'hui la fonction d'éducateurs de la jeunesse catholique que l'Église leur confie ».

Frère Paul Texier, qui deviendra l'un des confrères de Jean Bulteau à Rome, témoigne volontiers de ce qu'il a vécu avec lui : « Pour moi qui débarquais de mon Saint-Gabriel, de Saint-Laurent-sur-Sèvre, il devint très vite évident que le bon, le beau et le bien ont de multiples visages. Au juvénat et au noviciat, ma formation avait été centrée sur Saint-Gabriel. À Rome, ce fut rapidement la découverte étonnante et déconcertante à la fois qu'il y avait bien d'autres congrégations, et que la France ne jouissait d'aucun monopole. »

Frère Paul n'oublie pas ces promenades oxygénantes du dimanche après-midi avec F. Aimé-Marie, au cours desquelles, « délaissant l'invitation pressante et intéressée à jouer aux boules avec le F. Anastase, Procureur près le Saint-Siège, c'est par le chemin des touristes que nous revenions de la communauté des Parioli qui nous avait reçus pour le repas, jusqu'à la Via Aurelia, chez les Frères des écoles chrétiennes, où nous logions ». De mois en mois, Jean Bulteau se fait une impressionnante collection de cartes postales, toutes choisies en vue de la pédagogie et de la catéchèse.

Cette vie d'étudiant combine « l'internationalité et l'intercongrégationalité » dans la communauté de Via Aurelia comme dans la communauté de Jesus Magister. Ils observent autour d'eux : « En ces années précédant immédiatement l'ouverture du concile Vatican II, il était de bon ton d'ironiser un peu sur la course aux pompons et au violet tirant sur le rouge. Mais les battements du cœur d'une Église universelle étaient bien sensibles. »

Toujours selon les souvenirs vivants de F. Paul, Jean Bulteau, « sans en tirer gloriole, se sentait responsable d'une mission envers sa province ». L'étudiant romain a en effet bien conscience de sa responsabilité, notamment par rapport à la transmission de la spiritualité montfortaine dont il ne déviera pas. « C'est dans ce sens qu'il a orienté son mémoire de fin d'études : Le mystère de la Croix dans les écrits de Montfort, explique encore F. Paul. Et, dans la même direction, il m'avait conseillé de prendre des cours de théologie mariale au Marianum, université pontificale gérée par les Servites de Marie, en plus des cours propres à Jesus Magister », fait-il remarquer.

Dans la province gabriéliste de France, à l'époque, beaucoup ne voient pas la nécessité de ces études. « Mais à quoi est-ce que cela va vous servir ? » s'entendent dire les étudiants. Avec humour, F. Jean Bulteau répond : « Ne vous inquiétez pas ! Il y a des supérieurs qui s'en occupent. On bâtira... » De fait, en 1962, débute la construction du scolasticat de « Notre-Dame de la Garde » à Avrillé. « Maintenant que, après toutes ces années, l'histoire a ouvert les plis de sa robe – commente poétiquement Paul –, il est évident qu'en 1960, elle préparait Jean Bulteau aux missions gabriélistes qu'on lui a connues par la suite, notamment celles d'animateur en formation et de Supérieur général. »

Au retour de Rome en 1962, après ces quatre années d'études, Jean passe par Ravenne. Un matin, entrant dans une église pour la messe – tandis qu'il porte encore la soutane –, il est invité par le curé à célébrer, mais lui répond qu'il n'est pas prêtre, puis va s'asseoir dans l'assemblée. Le curé cependant l'attend à la sortie pour lui demander qui est-il et pourquoi il ne célèbre pas. Jean Bulteau lui explique qu'il est un Frère de Saint-Gabriel, visitant Ravenne en rentrant de Rome où il a fait des études de théologie. Le curé pose alors cette question : « Mais alors qu'est-ce qui vous manque pour être prêtre ? » Frère Jean répond du tac au tac : « La vocation ! » Et il quitte le prêtre médusé, sans être sûr qu'il ait compris, mais croyant bien lui avoir donné la bonne réponse…

Cette anecdote éclaire la vocation « non cléricale » du Frère et ouvre plus largement une perspective très moderne de la consécration à Dieu dans le service de l'Église qui ne soit liée ni à une fonction, ni à des atours, ni à un pouvoir, comme un retour aux origines apostoliques, au temps où les disciples répondirent à l'appel du Christ pour vivre en sa compagnie et collaborer à sa mission d'évangélisation, tout simplement, non pas au-dessus des gens, mais au milieu d'eux…

Chapitre 2

Premières responsabilités dans une Église en mutation

Homme d'écoute, ouvert au dialogue

Rentré en France, après les études à l'institut Jesus Magister, Frère Aimé-Marie – qui, dans le vent du Concile, préférera très vite être appelé par son prénom de baptême, Jean – est chargé de la formation des jeunes religieux de Saint-Gabriel, après leur noviciat, dans un très beau cadre champêtre, près d'une école d'agriculture dirigée par les Frères. Il retrouve d'abord de grands bâtiments et une communauté nombreuse, à La Mothe-Achard, en Vendée, de 1962 à 1965.

Au bout de trois ans, le scolasticat – temps où les jeunes religieux étudiants apprennent à intégrer la vie religieuse – se trouve donc transféré à Notre-Dame de la Garde d'Avrillé, près d'Angers, ville universitaire, dans des constructions entièrement neuves. La coopération de tous pour préparer et effectuer le déménagement et l'installation est excellente. « Une période d'adaptation a cependant été nécessaire, d'autant plus que l'aménagement de l'environnement était loin d'être terminé. Durant des semaines, nous avions encore des ouvriers, et les tranchées boueuses ne facilitaient pas les déplacements. Je craignais que de telles conditions de vie n'aient un effet négatif sur le groupe. Il n'en fut rien », raconte-t-il, dans un précieux récit de ses multiples déménagements. « La disponibilité des jeunes Frères et leur capacité d'adaptation prirent vite le dessus. Chacun appréciait d'avoir sa chambre individuelle, et les relations fraternelles étaient très bonnes entre tous. C'est avant tout la qualité de ces relations qui construisait la communauté », précise-t-il au sujet de ces années où la société et l'Église sont en pleine mutation. Une véritable hémorragie de départs commence alors à affaiblir tous les instituts religieux, spécialement en Occident où un courant novateur de liberté sociétale et de contestation emporte ce qui n'est pas bien ancré. Au fond, c'est un courant novateur qui touche aussi l'Église conciliaire qui voit les vocations mal affermies se déliter les unes après les autres. La crise vocationnelle sera globalement moins forte pour les Frères de Saint-Gabriel, en raison des nombreux religieux indiens, thaïs, singapouriens, africains et malgaches, que compte la congrégation.

Un ancien Frère, qui a quitté la vie religieuse, ne tarit pas d'éloges à propos de l'accompagnement dont il a bénéficié en ces années-là, auprès de Jean Bulteau : « En 1966 et 1967, il a été mon Supérieur à Avrillé. J'étais très affecté psychologiquement et spirituellement. Au scolasticat, F. Jean a été très attentif à mes états d'âme et il a compris que ma vocation était en recherche. Me proposant de partir pour faire mon service national dans le cadre de la coopération dans un collège en Afrique, il m'a ouvert une porte sur les réalités de la vie ! Je pense qu'il était conscient que la vie de type "monastique" imposée à des adolescents au noviciat n'était pas naturelle. Il a fait évoluer cet état d'esprit. Homme d'écoute, ouvert au dialogue, sa manière de voir les choses contrastait énormément avec mon vécu chez les Frères auparavant. Je lui en suis reconnaissant. » Cet ancien religieux a pu trouver la paix intérieure, recevant le pardon qui délivre, en participant des années plus tard au pèlerinage montfortain à Lourdes, comme choriste. Des couplets du chant composé par Jean Bulteau, proposé pour l'onction des malades, l'ont particulièrement touché, notamment ces mots en forme de prière : « Seigneur, je sais que tu m'aimes. Comment t'aimer en retour ? Porter ma croix ! T'aimer en croix ! Je veux te suivre où tu voudras… Tout près de Toi, au Calvaire, Marie, Ta Mère était là. Entends son cri pour tous tes frères ! Nous t'en prions, exauce-la ! »

S'adaptant avec une attention pleine de bienveillance aux situations, accompagnant la réalité de façon constructive, Jean Bulteau est directeur de la maison du scolasticat quand est lancée une année pédagogique, en 1967, à Avrillé, avec une équipe de religieux-Frères pédagogues. Les étudiants apprécient la salle de vidéo car ils sont filmés en donnant un cours et peuvent donc se revoir, afin d'apprendre à mieux s'exprimer par l'analyse du verbal et du non-verbal. Mai 1968 approche à grands pas. Les scolastiques « ruent dans les brancards » et aspirent au changement. Frère Jean Bulteau calme le jeu mais, indubitablement, ressent lui-même un grand besoin de renouveau…

C'est à cette époque que deux jeunes Frères, Jean-Noël Soulard et Jacky Breton ont un accident mortel de moto. Frère Jean gère avec une grande humanité les deux décès et les contacts nécessaires avec les parents des victimes. Sa bonté devient légendaire et pas seulement parmi les Frères.

Jean-Marc Chéné, père abbé du monastère de Bellefontaine, qui fut novice chez les Frères de Saint-Gabriel, se souvient que F. Jean « aimait les jeunes et cherchait à insuffler une dynamique fraternelle et spirituelle dans l'Institut. Il émanait de lui bonté et simplicité, une belle humanité », dit-il encore, bouleversé par la proximité de F. Jean et par sa délicatesse à l'égard des parents profondément affectés par la mort inattendue de ces deux jeunes religieux. Chaque année, tant qu'il le pourra, il rendra visite aux deux familles.

Alors qu'il dirige le scolasticat, et malgré sa tendance naturellement ferme, il n'intervient pas directement dans la discipline mais joue son rôle de guide spirituel en accompagnant chacun. Tous sentent qu'il fait effort sur lui-même, qu'il évolue dans sa gouvernance, avec l'intelligence d'un cœur qui écoute. C'est d'ailleurs dans l'oraison et la contemplation qu'il reçoit toujours ce « cœur qui écoute », parce qu'il le demande humblement au Père des lumières de qui descend tout don parfait, assoiffé de « devenir ce que Dieu est [...] par le Christ et dans le Christ », selon ce que révèlent ses notes personnelles où il souligne trois mots : confiance, disponibilité, désir. Le sérieux et la profondeur de l'engagement qui l'habite ne veulent certes pas jouer au moraliste ni se fâcher. Il reçoit un à un les scolastiques, chaque mois personnellement, pour un échange à partir d'un texte écrit en réponse à un sujet donné ou aux questions posées. Ses « entretiens spirituels » se basent sur la théologie reçue à l'institut romain Jesus Magister, à partir des Psaumes, de l'Évangile de saint Jean, des lettres de saint Paul. Dans ses enseignements, il aime resituer le cadre culturel de la Terre sainte, et son propos est toujours très enraciné bibliquement.

Plusieurs fois, en particulier au soir d'un 27 décembre, lors de la fête de saint Jean, dans un entretien avec un groupe de jeunes, il avoue avoir une préférence pour la première lettre de l'apôtre Jean. Il développe autant que possible une théologie de la communion, insistant sur le lien entre l'amour du Frère et l'amour de Dieu. « Il a le souci de renouveler la vie religieuse, qu'il conçoit très humaine, très belle. Il veut lui rendre sa dignité considérée à ses yeux comme un mariage d'amour vrai avec des frères, vivant ensemble de la présence aimante et réelle du Christ, agissant grâce à l'unité en son nom », détaille avec profondeur un témoin de ce temps-là.

Désireux de se faire proche de ses religieux étudiants, F. Jean joue au football avec eux, organisant même un match de rugby, son sport favori, auquel il initiera quelques Frères. Il sort de lui-même en permanence pour rejoindre les scolastiques dans leurs nouvelles attentes de liberté. Il fume, comme certains jeunes, et n'arrivera pas vraiment à maîtriser cette habitude qu'il va prendre. Tout au long de sa vie, il ne s'est pas défait de cette disposition tellement courante à son époque ; il l'escamotait tant bien que mal, en essayant de cacher son cigare allumé dans le creux de sa main. « Un après-midi, j'étais assis sur un banc avec un ami au bord d'un lac en Suisse, confiera-t-il plus tard à Frère Bernard Moreau. Une adolescente vint à passer avec sa mère et, soudain, une vingtaine de pas plus loin, elle se retourne et se dirige calmement vers moi et me dit à brûle-pourpoint, sur un ton ferme et direct, comme pour un discours : Monsieur !... Fumer, c'est dangereux pour la santé ! »

Ce penchant au cigare – ramené peut-être de la guerre d'Algérie – contribue cependant à le rapprocher des étudiants, mais l'attitude revendicative, voire parfois agressive, de quelques-uns le fait souffrir. Il est consolé par plusieurs autres, qui ont découvert la spiritualité de l'unité à Saint-Laurent-sur-Sèvre, en 1964, lors d'une session du mouvement des Focolari appelée

« Mariapolis », ville de Marie. Comme les autres scolastiques, ces jeunes le rencontrent en direction spirituelle tous les quinze jours. Partageant l'idéal de vie évangélique transmis par Chiara Lubich, ils l'invitent à participer à leurs rencontres, mais il revendique, prudent et soucieux, d'être tout à tous, même si cette spiritualité qui régénère leur propre charisme l'a déjà conquis.

La spiritualité de l'unité : un nouvel appel

Tandis que Frère Jean Bulteau est responsable des jeunes Frères de Saint-Gabriel, quelques-uns d'entre eux, qui ont participé à la Mariapolis de Saint-Laurent-sur-Sèvre, en sont revenus très heureux, comme transfigurés. Il voit cela d'un bon œil et leur demande de faire ce qu'ils veulent de cette nouveauté, à condition de ne pas perturber la vie communautaire.

Ces jeunes se rencontrent tous les soirs. « Je me disais, raconte F. Jean : Si c'est de Dieu, il ne faut pas aller contre, et si ce n'est pas de Dieu, ce n'est pas non plus la peine d'aller contre, cela passera... » Au bout d'un an, ces jeunes sont envoyés aux quatre coins de la France pour les besoins de leur congrégation, mais reviennent à Saint-Laurent pour participer encore à la Mariapolis, ce qui, de l'avis de F. Jean, est « bon signe ».

« Je venais de faire une session de huit jours consacrée à la dynamique de groupe et nous avions réussi à créer des liens entre nous à la force du poignet. En revenant, je passe deux heures à la Mariapolis de Saint-Laurent-sur-Sèvre et, voyant le sourire de ces personnes, je me dis que ces gens vivent une dynamique de groupe bien plus vivante que celle que je venais d'expérimenter », remarque-t-il, se souvenant de sa première expérience personnelle avec le mouvement des Focolari, à Rodez en 1966.

Avec le recul historique, il précise : « Comme responsable des jeunes Frères, je ne pouvais pas privilégier ce mouvement, même si je sentais bien qu'il y avait quelque chose de fort derrière. En 1968, je fus nommé Provincial pour toute la France, j'étais plus libre dans mon action. »

Il est alors invité à la première rencontre des religieux du mouvement des Focolari en France, près de Paris, après avoir écrit personnellement, le 12 septembre 1968, au responsable national, Aldo Baima, lui exprimant son désir d'approfondissement « pour entrer plus avant dans la spiritualité de l'unité ». « Dans ce que l'on nous a dit à cette rencontre, il y avait vraiment peu de choses que je ne savais déjà : Dieu est amour et, pour l'aimer, il faut faire sa volonté. Comment l'aimer ? Par l'amour réciproque. Mais j'eus une impression très profonde : c'était un nouvel appel. »

À la fin de cette rencontre, les organisateurs demandent de livrer leurs impressions ; Jean ne sait pas bien quoi dire mais désire donner la bonne réponse : « Ce que je ressens, c'est que cette spiritualité ravive en moi le désir de relire les écrits de saint Louis-Marie de Montfort, père de ma famille religieuse [...]. Chiara Lubich dit dans son journal : "J'ai compris de Grignion de Montfort la valeur centrale de la croix. Tout notre engagement se résume à bien porter sa croix." À travers ces lignes, je voyais qu'elle avait mieux compris mon fondateur que moi et elle m'a aidé à mieux le comprendre. C'est un peu ce que fait la spiritualité de l'unité au contact avec les autres spiritualités de l'Église, elle les clarifie », affirme-t-il, plaidant durant le reste de sa vie, avec enthousiasme, sur ce point essentiel : les religieux qui entrent en contact avec la spiritualité de l'unité redécouvrent leur propre spiritualité avec un élan nouveau.

De plus, il voit dans cette spiritualité de l'unité un pont de dialogue entre les anciens et les nouveaux charismes : « Autrefois nous étions en concurrence avec les autres Frères enseignants, on se trouvait les meilleurs... Aujourd'hui, grâce à ce dialogue entre charismes, j'ai compris que je dois aimer le franciscain, le jésuite, le dominicain, comme moi-même. Chacun devient plus soi-même dans ce nouveau dialogue et peut mieux accomplir le dessein de Dieu. Je découvre une très grande fraternité avec des religieux d'autres congrégations. »

Il poursuit : « En 1968, les idées partaient dans tous les sens, mais j'avais mes certitudes : voilà un charisme pour l'Église et voilà ce que l'Esprit saint est en train de faire. À cette époque, lorsque l'on disait que Dieu est amour, cela passait bien, mais faire la volonté de Dieu semblait bizarre pour les gens, même dans la vie religieuse. J'avais été éduqué à l'obéissance, la chasteté, l'humilité, etc. Là, je trouvais l'Évangile grand ouvert devant moi. En regardant les Focolari et le rapport qu'ils avaient avec leur fondatrice, je revoyais mon rapport avec notre fondateur. Tout cela me donnait des points de repère importants, une sécurité au milieu de toutes les idées qui se brassaient à cette époque. »

Frère Claude Passebon n'a rien oublié de ces heures « refondatrices » et enthousiasmantes : « Jean Bulteau a toujours permis à ceux qui le souhaitaient de participer aux Mariapolis : dès 1966, à Rodez, avec la voiture de la communauté où nous étions neuf… Et même pour aller à une rencontre de jeunes religieux en 1969 à Civezzano, en Italie du Nord, avec sa voiture de Provincial. » Pour contribuer à payer ce voyage en Italie, Jean leur demande s'ils acceptent d'aller ramasser les pommes de terre chez un propriétaire cultivateur, et il les surprend par son humilité, allant se joindre à eux pour cette récolte… Frère Claude pensait alors : « Quel Frère provincial nous avons ! Ce qu'il doit nous aimer pour nous faire une telle confiance ! Nous avions une vingtaine d'années… Il avait découvert une source et ne lésinait pas sur la grâce. »

F. Jean va être chargé de l'animation des religieux adhérents à l'Œuvre de Marie en France. Il présidera ensuite l'association Ut Omnes qu'il va fonder pour permettre à ce groupe d'avoir une existence légale et publier leur revue *Unité et Charismes*, dont il assume la rédaction en chef, jusqu'en 2008. Cette revue trimestrielle est l'édition française de l'une des revues du mouvement des Focolari qui « visent à mettre à la disposition de tous les dons que l'Esprit a offerts et continue d'offrir à l'Église et au monde au cours des siècles, à travers les saints ».

Comme Supérieur provincial depuis 1968, il est basé à Saint-Laurent-sur-Sèvre. En fréquentant le *focolare* le plus proche, à Nantes, où habitent les consacrés de ce mouvement, il se rend compte que la maison où vivent ses amis est accueillante et toujours parfaitement en ordre, à la fois simple et moderne, belle sans superflu. Elle respire l'harmonie. Il comprend que vivre intensément l'amour fraternel, maintenir constamment la présence de Jésus au milieu des Frères, a ses exigences dans tous les aspects de la vie : « L'amour qui réunit ensemble des membres de la famille de Dieu, des membres du Corps mystique du Christ, suscite la beauté dans l'ordonnancement de la maison, aussi bien dans les pièces communes que dans les chambres individuelles. »

À sa demande, Chiara Lubich lui donne une « Parole de vie » comme programme – « Je suis le chemin » – pour éclairer son pèlerinage terrestre, son « saint voyage » selon l'expression de la fondatrice des Focolari. Cette phrase du Christ devient sa boussole, renouvelant le sens de sa consécration, lui faisant découvrir peu à peu « Jésus crucifié et abandonné », « clé de l'unité », toujours à reconstruire dans les rapports humains. Dans cet esprit, il s'agit pour lui de reconnaître Dieu présent dans les difficultés quotidiennes, afin de transformer ainsi la souffrance en amour.

« Chiara m'a particulièrement aidé à vivre et partager la Parole de Dieu, Parole de vie ; elle m'a fait comprendre que tout homme – mon frère – est un incontournable chemin vers Dieu ; elle m'a appris l'art d'aimer et ouvert à la spiritualité de communion, si nécessaire, pour vivre en communauté fraternelle ; elle m'a surtout révélé le secret de Jésus crucifié et abandonné, clé de l'unité, qui donne sens à ma vie, au cœur de chaque instant présent. »

Il renouvelle donc son pacte avec « Jésus abandonné » chaque fois qu'Il se présente, prêt à l'étreindre en toute expérience désagréable, à commencer par l'un ou l'autre Frère de sa communauté qui peut ne pas comprendre son engagement. « Et c'est sans cesse à recommencer ! Avec joie, puisque c'est toujours Lui ! » C'est ce qu'il exprimera dans une lettre à la fondatrice des Focolari, le 15 août 2007, cinquante ans après avoir prononcé ses vœux perpétuels.

Au cours du synode extraordinaire de 1985, auquel il sera invité comme « auditeur », il a pu côtoyer Chiara Lubich qui y participait, elle aussi, comme mère Teresa. « Elle me répétait chaque matin : "Gardons Jésus au milieu de nous", ce qui signifiait "demeurons dans l'amour réciproque". » C'était le gage de Sa présence et donc des fruits du synode ! « Depuis son arrivée au ciel, il me semble qu'elle me redonne constamment cette même consigne ! » notera F. Jean en relisant sa vie.

Il en est sûr : « Si je n'avais pas connu la spiritualité des Focolari, je n'aurais pas pu être Provincial ou Supérieur général, comme je les ai été. » Son secret : trouver Dieu à travers le prochain, le frère, au sens de tout être humain. « Moi, le frère, Dieu », répète-t-il avec Igino Giordani (écrivain, journaliste et parlementaire italien), l'un des premiers compagnons de route de Chiara Lubich.

En 1970, tandis qu'il est conseiller des responsables nationaux de l'Œuvre de Marie à Paris, devenu, depuis deux ans, Supérieur provincial pour la Vendée d'abord, avant de l'être pour toute la France, il participe à la rédaction de la Règle de Vie des Frères de Saint-Gabriel, à Rome. Cela lui donne l'occasion d'avoir des contacts plus fréquents avec les religieux du mouvement des Focolari au niveau international, et après chaque visite il revient radieux, déclarant à ses plus proches : « La visite au *focolare* éponge toutes mes difficultés, mes souffrances. » « Aime, aime, aime ! L'Amour est le destin de l'homme », dit-il à ses Frères, en transmettant autour de lui les mots de feu de Chiara Lubich, qui rallument sans cesse l'espérance dans son cœur d'apôtre.

Vers une Règle montfortaine basée sur l'amour réciproque

Depuis sa nomination comme Supérieur, il vit dans une communauté qui compte cinq membres, à Saint-Laurent-sur-Sèvre, la localité où reposent saint Louis-Marie Grignion de Montfort, la bienheureuse Marie-Louise Trichet et Gabriel Deshayes, les piliers de la Famille montfortaine. Les locaux mis à la disposition de son équipe sont situés au-dessus de la conciergerie d'un collège accueillant alors plus de huit cents pensionnaires, à côté du juvénat et de la maison mère de la congrégation. Les chambres sont vieillottes et peu confortables : lit et bureau, séparés par une cloison de bois ou un simple rideau, occupent la même pièce. Les repas sont communs à toute la grande maison. La prière se vit avec les Frères de la maison mère. « En fait nous ne nous retrouvions guère qu'à table. Je me contentais de la situation partagée depuis toujours par mes prédécesseurs et même, durant un certain nombre d'années, par le Supérieur général et ses Conseillers », souligne F. Jean. Au bout de trois ans, en 1971, il devient Supérieur provincial de France, logeant à La Hillière, à Thouaré-sur-Loire, en Loire-Atlantique, dans le bâtiment du noviciat, avec deux de ses principaux collaborateurs.

Un événement important va marquer cette période. C'est le Chapitre général spécial, qui a pour tâche essentielle de renouveler la Règle de Vie et les Constitutions des Frères de Saint-Gabriel, comme l'a demandé le Concile à toutes les congrégations religieuses dans l'Église.

De fait, le décret conciliaire *Perfectae Caritatis* invitait chaque institut à entreprendre une rénovation adaptée puis, un an après, le 6 août 1966, le motu proprio *Ecclesiae Sanctae* de Paul VI édictait des normes pour l'exécution de ce décret.

Après le Chapitre de 1965, dans leur nouvelle maison généralice inaugurée par le cardinal Tisserant en 1962, Via Trionfale à Rome, les Frères de Saint-Gabriel se mirent en ordre de bataille au niveau international, pour préparer les deux sessions du Chapitre, réuni en 1969 et 1971, au cours duquel la dimension communautaire de leur vie sera considérablement accentuée.

C'est à travers l'échange d'informations, la réflexion, la franche confrontation de points de vue différents que les capitulants découvrent peu à peu ce qui convient à l'ensemble de l'Institut et qu'ils déterminent des orientations utiles pour les années à venir. Confrontés aux défections d'un certain nombre de religieux, ils s'interrogent sur les moyens de résoudre la crise d'identité des Frères, souvent troublés ou mal à l'aise dans un monde en mutation où leur statut social d'enseignants-éducateurs est de moins en moins compris. « Acteur principal, l'Esprit saint ne réduit pourtant pas les capitulants au rôle de simples figurants. Ceux-ci ont à faire le Chapitre, comme si tout dépendait seulement d'eux-mêmes. Tous ont leur part de travail à accomplir à partir de leur expérience de vie, de leur connaissance de l'Institut et de sa tradition, de la situation de l'Église dans le monde actuel, de l'évolution de la société et des problèmes auxquels est affrontée l'humanité en cette fin du XXe siècle », notera Frère Jean Bulteau.

F. Camille Lucas, son contemporain, résume l'enjeu dicté dans le motu proprio de Paul VI et où le programme tracé paraissait sans ambages : « Nécessité de réviser les Constitutions après une large consultation libre de tous les membres, insertion des principes évangéliques et théologiques des engagements religieux, ressourcement chez les fondateurs, normes juridiques nécessaires sans les multiplier à l'excès, prescriptions désuètes à rejeter, celles sujettes aux adaptations des temps et des lieux à reformuler… »

L'élaboration de la nouvelle Règle va durer presque vingt ans. Durant l'intersession du Chapitre spécial, en 1970, F. Jean, Provincial de France, préside la commission de mise en forme des textes. « Il faut remarquer dans ce travail de longue haleine sa discrétion, sans jamais imposer ses goûts ni ses idées pourtant très claires, laissant agir les capitulants, seuls habilités à trouver et à voter les bonnes formules, même si parfois la confusion régnait », commente Frère Camille.

Frère Guy Saint-Onge, du Canada, a connu F. Jean lors des assises de ce mémorable Chapitre général spécial dans la ville éternelle : « Nous étions alors parmi les plus jeunes capitulants : il avait 38 ans et j'en avais

34, dit-il. Les jeunots étaient tout de même bien acceptés par les vénérables anciens. Notre tâche commune était de donner à l'Institut sa nouvelle Règle de Vie. J'ai pressenti déjà que Jean était un Frère en vue. Ses interventions rares mais empreintes de sagesse ne passaient pas inaperçues. En langage québécois, je dirais que j'aimais sa façon *smooth*, ou lisse, d'animer et de diriger. En homme spirituel, sensible, il manifestait un grand souci de la qualité de vie de tous ses frères. J'appréciais aussi son sens de l'humour, quand, par exemple, alors que nous peinions à chercher ensemble des solutions à des problèmes apparemment insolubles, il nous lançait un "[...] et dire que nos parents croient qu'on s'amuse !". Le meilleur et le plus touchant des souvenirs que je garde de lui est son grand attachement à la Règle de Vie et le mal qu'il s'est donné à la faire connaître et aimer de chacun de nous. »

Avec Frère Guy et quelques autres, F. Jean, par ses interventions, fait en sorte d'insuffler dans la Règle un esprit nouveau, celui découlant de l'amour réciproque : « Suite au concile Vatican II, notre Chapitre général spécial de 1969-1971, rédigeant une Règle de Vie rénovée, avait beaucoup insisté sur la vie fraternelle. Je dois ajouter que, pour plusieurs capitulants vivant la spiritualité du mouvement des Focolari, nos textes ont certainement été marqués par l'idéal d'unité qui l'anime », témoignera-t-il. L'enracinement dans la spiritualité missionnaire de saint Louis-Marie Grignion de Montfort sera également accentué.

« En tant que Supérieur provincial, j'avais l'occasion de visiter de nombreuses communautés, en France et au Sénégal. J'admirais souvent les conditions de vie modeste des Frères, mais je souffrais quelquefois de constater une certaine négligence, voire un certain désordre, dans les lieux communautaires, se souvient-il. Je me souviens d'avoir invité une communauté à se réunir plus régulièrement. » La réponse a été : « Tant que nous n'aurons pas de fauteuils, il ne faut pas penser à nous réunir. » Les fauteuils furent achetés. Mais la fréquence des réunions n'augmenta pas pour autant. « On peut en effet vivre individuellement tout en cohabitant pacifiquement sous le même toit », conclut-il en martelant : « Seul l'amour pour Dieu et pour les personnes autour de nous peut inspirer de se rassembler au nom du Christ et conduit à partager ce qui nous fait vivre. » Il est infiniment désireux de porter ce supplément d'âme dans la Règle de Vie afin que l'Institut devienne davantage « une communauté dans l'amour ».

Il souhaite aussi réaffirmer le charisme montfortain des Frères. « Les capitulants de 1969-1971 ont exprimé – du moins, je le pense – le meilleur d'eux-mêmes dans les textes proposés à tout l'Institut. L'analyse de ces textes est une confirmation *a posteriori* que nous sommes bien montfortains, au moins dans l'intention. Reste à voir comment nous les vivons, quelles difficultés nous rencontrons actuellement, quels efforts nous devons consentir pour passer de la lettre aux actes », dira Jean Bulteau une trentaine d'années après les deux sessions de ce Chapitre général si spécial, dont il aura été un grand artisan.

Si le Concile, dans *Perfectae Caritatis*, a rappelé que « la norme ultime de la vie religieuse étant de suivre le Christ de la manière proposée par l'Évangile, cette norme doit être considérée par tous les Instituts comme leur norme suprême », alors c'est avant tout dans sa relation à Jésus-Christ que le fondateur de l'Institut intéresse les religieux. « Quels sont les aspects de l'Évangile que saint Louis-Marie a privilégiés ou qui apparaissent particulièrement accentués dans sa manière d'être et d'agir ? » se sont donc interrogés les capitulants de ces années charnières.

« Montfort est avant tout un missionnaire », répète F. Jean. S'il devait choisir une parole d'Évangile le définissant le mieux, il choisirait : « Allez, faites de toutes les nations des disciples, baptisez-les au nom du Père, du Fils et du Saint-Esprit » (Mt 28,19), ou encore le dernier verset de la deuxième lettre de saint Pierre : « Croissez dans la grâce et dans la connaissance de notre Seigneur et Sauveur Jésus-Christ » (2 P 3,18).

« Frères de Saint-Gabriel, disciples de Montfort missionnaire, où se situe notre participation à son charisme ? » se demande-t-il. Même si les Frères n'ont pas reçu de Règle spécifique de la part de leur fondateur, à la différence des Pères montfortains et des Filles de la Sagesse qui, eux, ont eu une Règle primitive, il semble à Frère Jean que les Frères peuvent exprimer leur spécificité montfortaine dans l'Église. « Jésus-Christ, Sagesse incarnée et crucifiée, ainsi que les quatre moyens pour l'acquérir et la faire connaître, le désir ardent, la prière continuelle, la mortification universelle et la vraie dévotion à Marie, c'est-à-dire la parfaite consécration, par elle, à Jésus-Christ. Tout cela nous est commun avec les pères et les sœurs, avec des accents plus marqués selon les personnes, les lieux et les époques », fait-il ressortir en substance dans ses enseignements et partages.

Quand Louis-Marie prêchait une mission dans une paroisse en vue de « renouveler l'esprit du christianisme chez les chrétiens », il avait soin de mettre en place des moyens pour perpétuer les fruits de son activité, comme les diverses associations ou confréries. Et il retournait en personne, dès qu'il le pouvait, pour donner une prédication et s'assurer de la persévérance des paroissiens. Selon les termes qu'il utilisait dans son testament du 27 avril 1716, les « écoles charitables font également partie de ses moyens de persévérance, rappelle Jean Bulteau. Après avoir conquis ou reconquis le terrain à Jésus-Christ, il fallait l'occuper de manière permanente. Les Frères participent, en tant qu'éducateurs, à la mission ecclésiale d'évangélisation ».

Chapitre 3

« Jean sans Terre » : un Supérieur provincial passionné de l'unité

« Tous à l'école des uns et des autres »

De 1971 à 1976, le Supérieur provincial de France se surnomme lui-même « Jean sans Terre », n'ayant pas de territoire délimité, contrairement aux trois autres Provinciaux qui, eux, ont des territoires bien définis. Il coordonne « l'équipe des Provinciaux » dans leur accompagnement de chacune des trois provinces en France, celles de Saint-Laurent, Poitiers et Nantes. Ses responsabilités sont surtout de coordonner les maisons de formation et les maisons de repos-infirmerie pour les trois provinces du pays, ainsi que de suivre la jeune fondation du Sénégal créée dans les années 1950.

Frère Louis Le Floc'h a vécu avec lui, dans la même maison, à La Hillière, près de Nantes, comme Supérieur local de la maison de formation du noviciat : « Nous échangions beaucoup, à table et dans nos bureaux. Au cours de cette vie commune, j'ai surtout aimé sa grande humanité. Il fut pour moi un conseiller précieux, à un moment difficile pour la formation des jeunes religieux, après 1968. Ceux-ci, sensibles à une évolution nécessaire mais toujours en recherche, avaient besoin de discernement dans leur choix et dans leur formation éventuelle à la vie religieuse, lourde tâche pour leurs responsables. L'aumônier de la maison, le père Auguste Albert, grand spirituel, le Provincial de France, Jean Bulteau, et moi-même, trop jeune pour cette responsabilité, en quête de conseils, nous formions un fraternel triumvirat, se rappelle-t-il. Le voir, chaque soir, manger une pomme qui lui faisait le plus grand bien était pour moi un plaisir, c'était une grâce de vivre avec un tel Frère. L'amitié est parfois faite de petites choses plus que de discours », commente Louis Le Floc'h.

À cette même époque, ayant accepté une obligation familiale de tuteur de jeunes cousins-orphelins, F. Louis a de nouveau besoin de conseils. Jean Bulteau est celui vers qui il se tourne en premier pour trouver la meilleure solution aux problèmes qui se posent dans l'éducation de ses protégés. Ils s'échappent ensemble parfois à Pornic ou à Notre-Dame-de-Monts, pour partager ce qui les fait vivre. « De temps en temps, nous prenions tous les deux une journée de “plein air”, sur le bord de l’océan, pour partager ce qui nous faisait vivre, ce qui nous donnait du bonheur ou ce qui nous faisait question... J’ai beaucoup apprécié cette amitié fraternelle », raconte encore Louis, qui insiste sur l’humour et la joie de vivre de F. Jean. Il a d’ailleurs chanté pendant une trentaine d’années, lors des fêtes familiales, une chanson composée par Jean Bulteau, vantant le muscadet « de chez le père Vinet », un de ses amis de La Chapelle-Heulin.

De telles anecdotes rapportées par les témoins illustrent merveilleusement ce qu’enseigne le Supérieur provincial dans ses lettres, comme quand il écrit, dès le début de ses nouvelles fonctions, en décembre 1968 : « Apprendre à être un cadeau pour Dieu et les hommes nos frères. C’est cela aimer, c’est cela le don de soi. Aimer en tout. Avant de prier, aimer, se quitter soi-même pour aller vers le Père. Avant de servir : aimer, se quitter soi-même pour aller vers ses frères. Le renouveau de notre Institut est là... » Et en ces temps troublés où l’activisme social menace déjà, il n’oublie pas un aspect essentiel : « Impossible don de soi sans oraison, impossible vie en commun sans contemplation... »

Ses lettres sont des perles, lues et relues par les Frères, qui révèlent le génie spirituel du formateur. Dans l’une d’elles encore, en février 1970, il revient au cœur de la vocation religieuse, avec des mots forts : « Nous, religieux, nous sommes en train de mourir d'être tout sauf ce que nous devrions être. Nous mourons de ne pas être des religieux. Nous avons des professionnels, mais nous manquons d'âme. »

Il veut toujours prendre exemple sur saint Louis-Marie, le fondateur « qui n'était pas un prédicateur à la mode et ne cherchait pas à plaire », comme il le dira souvent aux Frères tentés de suivre le vent pour s'adapter à l'air du temps, au risque de se perdre. Il garde au cœur ces paroles de Jésus qui s'appliquent dans tous les cas à l'Église quand elle veut s'aligner sur le monde : « Quel malheur pour vous lorsque tous les hommes disent du bien de vous ! C'est ainsi en effet que leurs pères traitaient les faux prophètes » (Lc 6,26).

Au mois de juillet 1970, sa lettre est une ode à la vie quotidienne habitée par l'amour surnaturel : « Chaque jour nos frères, nos élèves, nos amis doivent pouvoir contempler notre visage de sauvés. Chaque jour nous voulons vivre pauvres, chastes et obéissants. Chaque jour nous voulons nous aimer les uns les autres comme le Christ nous a aimés. Chaque jour ce que nous faisons pour un autre homme c'est au Christ que nous le faisons. Chaque jour… Oui, chaque jour !… »

Il exhorte ses Frères à prier les uns pour les autres « plus particulièrement pour ceux qui sont assaillis par l'épreuve du doute, ou du découragement, pour ceux qui se demandent si leur place est bien toujours dans la vie religieuse, pour ceux qui peinent à suivre l'évolution actuelle, pour ceux qui trouvent au contraire les mutations bien lentes... ».

Dans une autre lettre encore, le Provincial, au moment de la rentrée des classes, s'adresse aux religieux enseignants, les mettant en garde par rapport au risque de tout ramener à l'« intellectuel » ou à la recherche d'efficacité ou de rentabilité. Il indique que les éducateurs sont eux-mêmes apprenants – « tous à l'école des uns et des autres » – et fait référence à « l'examen final » (cf. Mt 25) qu'ils passeront probablement avant les élèves, en raison de l'âge... et où il ne sera question que d'avoir aimé.

Jean Bulteau répète à qui veut l'entendre, avec les accents de l'apôtre Jean, qu'il s'agit d'aimer dans le moment présent « où nous choisissons sans cesse Dieu seul et sa volonté amoureusement neuve. Aimer dans la difficulté, dans la souffrance et dans l'échec, comme dans la joie que Dieu nous donne... Aimer dans la construction jamais achevée de notre unité fraternelle. Aimer nos élèves au moment même où nous leur enseignons le calcul, la philosophie ou la géographie. Aimer le boulanger chez qui nous allons chercher le pain ou qui vient nous livrer. Aimer l'importun, le bavard, le menteur, l'instable, le taciturne, le tapageur, l'indifférent... Aimer le Christ en tous et en chacun : ce que vous avez fait au plus petit des miens, c'est à moi-même que vous l'avez fait ! Aimer comme le Christ nous a aimés, c'est-à-dire prêts à tout moment à donner notre vie pour l'autre. Le Christ attend notre amour en chacun de nos frères, en chacun de nos élèves, en chacun de nos collègues, comme en toute personne que nous rencontrons ».

« Son charisme humain et spirituel était visible dans ses relations personnelles », déclare Frère Marcel Chapeleau, insistant sur le fait que Jean Bulteau « ne voulait pas commander mais guider, orienter, écouter, indiquer le meilleur chemin ». Un autre religieux, Claude Passebon, exprime la surprise qui fut la sienne au retour de la coopération, en 1972, alors qu'il avait à peine 26 ans : « J'étais étonné d'entendre les jeunes Frères tutoyer le F. Jean. Cela me faisait plutôt… drôle ! » « Mais c'est tout à fait naturel, cela vient tout seul, F. Jean est vraiment un frère ! » lui disaient les autres qui le côtoyaient. « Et, de fait, je me suis mis à le tutoyer – en me forçant un peu, je crois – mais sa simplicité fraternelle m'a vite aidé à être naturel, moi aussi – et sans qu'il ne dise quoi que ce soit ! Le respect y était, tout pareil : c'était vraiment une relation de frère à frère. Quoique devant des aînés nous nous retenions ! »

Ce Provincial est décidément davantage témoin et prophète que grand manager ou imposant administrateur. Il reste néanmoins attentif aux détails de la vie de chacun, spécialement des Frères qui commencent à prendre de l'âge et pour lesquels il voit loin, très concrètement.

« Ce qui importe surtout, c'est la qualité de la présence »

Désireux d'agir en faveur des Frères âgés, Jean Bulteau décide avec son Conseil de construire une infirmerie fonctionnelle, doublée d'une maison de repos, la Maison Saint-Gabriel, sur le site de la vaste propriété de La Hillière, dont la congrégation a la pleine propriété depuis 1952, dans la région nantaise. Le projet de cette réalité nouvelle est l'occasion de réunir effectivement dans l'action les trois congrégations montfortaines : les Missionnaires montfortains de la Compagnie de Marie pour l'animation spirituelle, les Filles de la Sagesse pour les soins d'infirmerie, et les Frères de Saint-Gabriel qui sont accueillis ou qui accompagnent leurs anciens. Il s'agit d'une œuvre d'unité très originale et inspirée, alors que les Frères sortaient d'une époque où l'héritage montfortain leur était partagé avec parcimonie.

Durant son mandat de Provincial en particulier, F. Jean considère en effet cette réconciliation comme une priorité à l'échelle des disciples de Louis-Marie Grignion de Montfort, afin de contribuer à un témoignage davantage crédible de la vie religieuse au cœur d'un monde de plus en plus sécularisé. L'objectif de ce témoignage est de respecter la dignité de toute personne en tant que créature de Dieu capable de toujours se reconnecter à son essence divine.

À ce sujet, un article remarquable signé de lui a été publié dans la revue bilingue *Rencontres montfortaines, Montfortian Encounters* fondée en 1969 et commune aux trois congrégations. Daté de 1972, ce texte cite le rapport de Mgr Robert Coffy sur l'Église-sacrement, présenté l'année précédente à l'assemblée des évêques de France à Lourdes : « Seul le témoignage peut renvoyer à ce qui en est la source. »

Le Supérieur provincial des Frères de Saint-Gabriel, responsable de la formation, pense aux jeunes qui cherchent le sens de l'existence. « Les jeunes ne peuvent se satisfaire des défauts du monde dans lequel ils sont entrés sans l'avoir fait. L'injustice sociale et les luttes raciales scandalisent leur générosité ; le système économique basé sur le profit et l'inégale répartition des richesses les révoltent. D'aucuns s'évadent dans la drogue, [...] d'autres suivent les doctrinaires de la révolution. »

Afin de montrer la dure vérité de ces propos écrits par Frère Jean en 1972, cette même année, un Frère de Saint-Gabriel enseignant, âgé alors de 26 ans, et qui participait à une session de deux jours de la Commission nationale de la jeunesse française, a témoigné ainsi : « J'ai vécu à Paris une session perturbée à plusieurs reprises par les propos de quelques trotskistes [anarchistes] ridiculisant tout principe de fierté ou d'autorité dans la nation. » Heureusement, ce Frère y a rencontré une personnalité emblématique, P. Joseph Wresinski, qui a fondé ATD Quart Monde luttant contre l'exclusion. Dans ces derniers siècles et dans l'histoire récente, nous voyons combien les fondateurs de congrégations, d'autres personnes et des groupes ont été touchés par la misère et les besoins de la société et ont apporté, chacun pour sa part, des remèdes humains adaptés : Vincent de Paul, Don Bosco, sœur Emmanuelle au Caire, mère Teresa à Calcutta, P. Pedro à Tananarive, le Dr Claude Olievenstein dans la réhabilitation des usagers de drogues, l'abbé Pierre, l'Armée du Salut, Caritas, le Secours catholique et des centaines d'ONG... La liste serait longue !

Dans l'article de la revue citée, F. Jean se demande : « Qui leur révélera [aux jeunes] que la fraternité universelle dont ils rêvent est possible, que le Christ a donné sa vie pour cette cause ? » Et il reconnaît que « [...] la charité pleinement évangélique est vécue à des degrés divers par les religieux – comme par les chrétiens ». Il évoque un texte de quatre jeunes en recherche de vocation, déjà orientés vers la vie religieuse montfortaine, qui écrivent : « Les valeurs que nous voulons vivre, ce sont l'authenticité, la disponibilité, la liberté prophétique que vivait Montfort, la sincérité, la contemplation... Nous ne voulons pas nous enfermer dans des notions comme la rentabilité, l'utilité, la nécessité, nous voulons vivre... Ce n'est pas l'argent, la profession, la sexualité, la famille qui justifient notre engagement, c'est Jésus-Christ qui est notre unique certitude. »

Pour guérir la société de l'insatisfaction permanente qui pousse les consommateurs à se gaver de façon pulsionnelle jusqu'à la dépression et la fermeture sur soi, la vie religieuse propose de passer du côté transcendant, dans le champ du désir, moteur de la vie, plus loin que la jouissance, comme dans l'Évangile, quand les serviteurs acceptent de remplir d'eau les jarres à Cana, contre toute logique raisonnable, permettant à Jésus d'accomplir son premier signe avec le vin nouveau et toujours surprenant du véritable amour.

Dans cette perspective du sens de la vie religieuse, puisque le monde actuel ne la reconnaît comme une valeur en soi et se demande « à quoi ça sert, est-ce rentable ? », Jean Bulteau enseigne que le premier témoignage d'une communauté doit demeurer celui de l'amour fraternel, quand les gens peuvent dire : « Voyez comme ils s'aiment entre eux et comme ils aiment tous les hommes. [...] Entrevoir la fraternité universelle comme possible en voyant vivre des hommes et des femmes en communauté constitue un soutien et une espérance », dit-il, en soulignant que « ce qui importe surtout, c'est la qualité de la présence ». En ce sens, l'unité des membres de la Famille religieuse montfortaine doit aussi faire signe.

Cette unité se construit déjà depuis quelques années, avec la participation de F. Jean. Des gestes de réconciliation ont en effet rapproché les deux congrégations masculines dans la Famille montfortaine qui se querellaient depuis trop longtemps à propos de leurs origines. À partir de 1964, le voisinage des deux maisons généralices à Rome a favorisé les rapports. Le père Gendrot, assistant des Montfortains, s'exprima d'ailleurs ainsi au Chapitre de Saint-Gabriel en 1965, au cours d'une visite inattendue : « Il existe entre nos deux communautés le problème délicat que vous savez, mais qu'il vaut mieux laisser aux experts. Nous sommes sur la voie d'une vraie solution, puisque nous avons commencé de travailler ensemble, ce qui amènera à penser ensemble. » L'unité progresse. Le charisme montfortain n'est-il pas d'abord un charisme de sagesse ?

Des Frères de Saint-Gabriel, venus en session à Rome, se rendent à la maison généralice des Pères montfortains pour examiner les manuscrits de Montfort en dépôt chez eux. D'autres rapports semblables se créent progressivement hors de Rome. Le 250e anniversaire de la mort de Montfort est fêté de concert entre les trois congrégations montfortaines, dans toutes les parties du monde.

Ensuite, F. Romain Landry, Supérieur général des Frères depuis 1965, est invité pour la première fois au pèlerinage montfortain de Lourdes, au mois d'avril 1967, puis la Famille montfortaine au grand complet se retrouvera à Rome pour la clôture de l'année montfortaine, autour d'expositions, de conférences, et à l'occasion d'une messe unitaire à Saint-Louis-des-Français.

Un événement inimaginable quelques années plus tôt se produit à Rome : fin 1967, à la maison généralice de la Compagnie de Marie, et début 1968 à celle des Frères de Saint-Gabriel, les Conseils généraux des deux Instituts masculins de la Famille montfortaine se rencontrent pour « mettre fin, dans la charité et, si possible, dans l'unité de vue, à la malencontreuse dispute qui nous sépare depuis bientôt quatre-vingts ans ». Ils s'y sont sentis « poussés par l'esprit d'unité, de charité et d'œcuménisme si remarquables dans l'Église », et par le fait que « l'opinion générale de nos deux Instituts, très marquée par l'œcuménisme de Vatican II et par le processus d'intégration croissante de notre société moderne, ressent assez peu d'intérêt pour des polémiques qui divisent et aspire plutôt à des dialogues qui construisent ».

La déclaration commune de la Compagnie de Marie et des Frères de Saint-Gabriel fera allusion à la collaboration des trois congrégations de la Famille montfortaine ; c'est pourquoi Jean Bulteau a voulu que les trois congrégations montfortaines travaillent de pair à La Hillière, dans cette unité fonctionnelle pour Frères âgés, telle une petite pierre d'un grand chantier de reconstruction dont il a été, avec ferveur, l'un des maîtres d'œuvre.

Bâtie sans aucune subvention, par la seule mise en commun des revenus individuels des Frères, la maison de repos est ouverte en 1976, après deux ans de travaux, sur le même domaine que le château de

La Hillière et de l'ancienne maison du noviciat. Près de ce qui deviendra un Ehpad, établissement d'hébergement pour personnes âgées dépendantes, loge une communauté de Frères valides. Ils exercent la fonction d'aides-soignants, dans le but d'aider les religieux âgés, les entourant d'attention, les accompagnant pour des promenades dans la propriété.

Plus largement, Jean Bulteau, une fois élu Supérieur général en 1976, va appuyer l'initiative d'une rencontre européenne montfortaine (REM) pour rassembler, tous les deux ans, des membres de la famille spirituelle appartenant aux trois congrégations et des laïcs associés, en vue d'échanges au cours de conférences et de visites, chaque fois dans un pays différent avec un thème adapté au pays d'accueil.

« Un évangélisateur ne peut devenir crédible s'il est du côté des riches »

Seuls les grands hommes peuvent former d'autres grands hommes, à condition de ne pas se contenter d'enseigner un savoir mais d'éduquer à une connaissance expérimentée à travers leur manière d'être et de se comporter.

Durant l'été 1976, F. Jean, en bon visionnaire, coordonne une rencontre nationale de tous les Frères à Saint-Laurent. Il organise, avec clairvoyance, dans la sérénité, faisant preuve d'un calme olympien pour régler tous les détails pratiques. F. Michel Morfin, qui était dans la petite équipe organisatrice, se souvient de la façon dont F. Jean, la veille, avait anticipé les tensions éventuelles afin de mieux y faire face, paisiblement, donnant à ses collaborateurs un sentiment de sécurité qui contribua à la réussite de ce « sommet » fraternel. Cette rencontre demeure dans toutes les mémoires comme un souvenir ineffaçable dans l'album historique de la province des Frères de France.

Il n'a que 46 ans en décembre 1976 quand, à Rome, les religieux membres du Chapitre général l'élisent premier responsable, au lendemain de Noël. Il devient ainsi le 11e Supérieur général des 1 300 Frères que compte alors la congrégation, présente dans une quarantaine de pays, spécialement plus nombreux en Afrique et en Asie. Son heureux caractère qui, comme le bon vin, se confirme avec le temps est bien décrit par un diacre marié, Bernard Cousin, et son épouse Maryvonne, qui l'ont connu sur le tard : « Il donnait l'image d'un homme simple, d'un bon vendéen enraciné dans cette terre, partageant avec tous les choses simples de la vie. Nous avons beaucoup apprécié son humour bienveillant qui mettait toujours en avant les aspects positifs des gens et des événements. Sa capacité à s'émerveiller de ce qu'il avait vu ou entendu chez les personnes rencontrées, à recueillir des détails apparemment insignifiants mais qui mettaient la personne en valeur, c'était aussi un trait de lui qui nous a marqués. Il y avait finalement chez lui une sagesse rassurante qui mettait en confiance. »

Il aimait taquiner. « Tout le monde parle de son sens de l'humour. C'est un humour fin, caractérisé par l'inattendu, la surprise et la plaisanterie. On ne sent pas la moquerie blessante ni l'ironie. Un haut niveau de sagesse, et donc de respect est inné en lui à l'égard de chaque personne », dit aussi Frère Marcel Chapeleau dont il a été le formateur. « Nous le respections en conséquence, avec sincérité. »

Sa sagesse pleine de bonhomie, ses grandes connaissances théologiques et son expérience à gouverner les hommes portent donc les Frères à lui confier les rênes internationales de leur congrégation. Sa liberté intérieure est illustrée par une anecdote rapportée par les capitulants électeurs qui se souviennent l'avoir cherché partout, le soir de l'élection, tandis qu'il était monté, avec un autre Frère, fumer un cigare sur la terrasse de la maison généralice, avec la tranquillité du tacticien capable de s'accorder le repos nécessaire avant les grandes manœuvres...

Lui-même raconte cette période importante de sa vie : « Quand le Chapitre général de 1976 m'a élu Supérieur général, j'ai quitté la France pour Rome. J'arrivais en voiture, avec tous mes bagages. J'étais un peu perdu dans cette grande maison généralice. Inaugurée quatorze ans plus tôt, en 1962, elle avait été construite pour accueillir, en plus de l'administration centrale, des groupes de Frères étudiants ou effectuant une période de renouvellement spirituel. En temps ordinaire, nous n'étions que douze présents. Il n'était pas possible de “séparer la résidence de l'institution”, pourtant il aurait fallu différencier le lieu de travail et le lieu d'habitation et de vie fraternelle. C'était donc à la communauté de s'adapter, ce que nous avons fait, le mieux possible. Un grand parc, avec ses allées calmes, ses arbres, ses parterres, son bassin aux poissons rouges, permettait d'apprécier la nature tout en demeurant proche de la ville. »

La communauté est numériquement à géométrie variable, en raison de l'absence fréquente des uns ou des autres, en visite dans les provinces gabriélistes. Sur douze années, F. Jean ne vit réellement à Rome que cinq ans et demi ; le reste du temps il est dans une autre communauté, souvent sur un autre continent, mais toujours avec les Frères.

Six ans et demi de visites dans les communautés, donnant la priorité aux écoles où de jeunes sourds et aveugles apprennent un métier, mission fondamentale des Frères de Saint-Gabriel dès le XIXe siècle… « Les yeux fermés voient bien plus de choses que ne voient pas les yeux ouverts », lance-t-il dans un discours, en novembre 1981, pour le 50e anniversaire d'une maison où sont accueillis des hommes sourds-aveugles, installée d'abord à Poitiers puis à « La Peyrouse » (Saint-Félix-de-Villadeix) dans le diocèse de Périgueux. L'un d'eux, qui a émis des vœux privés, François Thibaud, sourd de naissance devenu aveugle enfant, entretiendra une correspondance au nom de ses camarades avec Jean Bulteau, ce Supérieur général si attentif à leur bien-être.

En référence à l'archange, l'étymologie de Gabriel n'est-elle pas « Dieu qui œuvre » ? Cela peut signifier qu'à travers les Frères de Saint-Gabriel, c'est Jésus lui-même qui continue de guérir, favorisant l'intégration des sourds et des aveugles et leur reconnaissance sociale par l'apprentissage du langage et de la communication interpersonnelle.

Sous le beau patronage de l'archange, F. Jean travaille ainsi pour une « périphérie » qui est au cœur de la mission des religieux de Saint-Gabriel, disciples du Christ, qui fait entendre les sourds, voir les aveugles et parler les muets, comme le rapporte l'Évangile (cf. Mc 7,31-37).

Lors de ses voyages pastoraux, nombreux, sur les cinq continents, de l'Inde au Brésil, il se soucie aussi beaucoup du mode de vie des Frères, convaincu que pauvreté et partage doivent être toujours au cœur de leur expérience religieuse. « Ces visites m'ont permis de constater la diversité des types d'habitat des Frères. Un réel confort dans certains pays, semblable à celui des familles de situation sociale moyenne. Une réelle pauvreté dans d'autres, très proche aussi de la situation locale des gens. En Inde, par exemple, dans un village rural au sud de Calcutta, quatre Frères vivaient dans une unique pièce de trois mètres sur quatre. On y mangeait, on y dormait, on y priait. La fumée s'échappait à travers le toit de branchages. Il n'y avait pas de place pour le superflu. Mais les Frères, bien intégrés dans le milieu tribal qui les avait accueillis, étaient heureux. Dans le peu d'espace dont ils disposaient, ils savaient trouver pour chaque chose sa juste place et tout maintenir en ordre. Et leur porte demeurait ouverte à ceux dont ils partageaient la vie et qui venaient les voir. L'amour fraternel qui les animait et leur engagement commun au service des pauvres leur faisaient accepter de grand cœur ce que d'autres auraient eu beaucoup plus de difficultés à vivre, se souvient-il. Par contre, même si ce fut l'exception, j'ai pu voir que le confort, l'abondance de mobilier ou de tapis ou de cadres accrochés aux murs n'engendraient pas automatiquement l'harmonie entre les personnes ou dans la maison. »

F. Jean précise que le fait de quitter souvent la maison généralice pour des visites aux communautés favorisait un certain détachement par rapport à ce dont il disposait à Rome. « Vivre dans sa valise », selon son expression, durant des semaines ou des mois, rendait superflues bien des choses considérées par lui ordinairement comme très utiles ou nécessaires.

« Il m'est arrivé plusieurs fois de ne pas trouver ma valise en débarquant de l'avion et d'attendre un ou plusieurs jours avant de la récupérer. Une fois même, à Delhi, je n'ai retrouvé mes bagages que trois semaines plus tard. Mes Frères m'ont prêté l'indispensable pour la toilette et je leur en savais gré ; tout en me disant que beaucoup de personnes en Inde n'avaient pas même une valise... n'ayant rien à y mettre ! » commente-t-il encore.

Pendant ses douze années de supériorat, ses déplacements dans les différentes provinces de l'Institut sont vraiment innombrables, d'autant plus que l'Institut se développe beaucoup vers l'est, en Asie. Lors de ses virées missionnaires dans les communautés, dont chaque compte-rendu pourrait être un nouveau chapitre des Actes des apôtres, il insiste sur la pauvreté, comme en Inde en 1977, écrivant à son retour – aux Frères rencontrés – que les aides financières de l'étranger ne doivent pas les séparer des pauvres qui les entourent : « Un évangélisateur ne peut devenir crédible s'il est du côté des riches », et « les non-chrétiens ne comprendront pas nos paroles si notre style de vie n'est pas vraiment simple et pauvre ».

De même pour l'Inde en 1984, au retour d'un autre voyage mémorable : « Le religieux doit être considéré comme un homme de prière qui vit la pauvreté. Nous devons être bien conscients que ce que nous sommes et ce que nous vivons sont plus importants que ce que nous faisons. » Il s'inquiète du succès des écoles gabriélistes qui cause parfois une dérive élitiste des Frères quand ils risquent d'oublier d'aller « d'abord vers ceux dont personne se soucie ». Ce problème de prestige, il l'affronte plus ou moins partout, en Inde, en Thaïlande et à Singapour par exemple, mais aussi, à moindre échelle, au Sénégal, au Gabon, à Madagascar, au Brésil ou au Québec, alertant également les Frères sur le danger spirituel de vivre côte à côte, mais dans des relations individualistes, contrairement à leur vocation au partage et à la solidarité.

Son style de vie simple, ancré dans la prière, interpelle partout où il passe. Son exemple inspire beaucoup de religieux dont il devient un modèle vivant. Dans ses lettres, il cite volontiers René Voillaume, disciple de Charles de Foucauld et fondateur des Petits Frères de Jésus : « La sainteté… ne peut pas être désirée dans la recherche de notre perfection, mais vécue dans l'offrande de notre pauvreté. »

Un de ses successeurs, F. John Kallarackal, Indien, devenu Supérieur général en 2012, parle au nom des religieux de Saint-Gabriel, avec un regard historique : « Nous avons tous apprécié le nouveau visage de Supérieur qu'il nous a montré : beaucoup de simplicité, une sensibilité aux besoins de chacun, en étant proche des Frères, avec des traits d'humour qui le caractérisaient si bien. Il avait une manière toute spéciale de respecter la liberté du Frère qu'il sollicitait pour une nouvelle mission : il lui présentait la situation mais ne forçait jamais la décision. On peut aussi retenir que F. Jean a beaucoup contribué personnellement au développement de l'unité de la Famille montfortaine, non seulement au niveau des trois congrégations montfortaines qui la composent, mais aussi avec l'intégration de tous les laïcs qui s'inspirent de la spiritualité montfortaine. »

Cet amateur de cigares, blagueur et fan de rugby – et en même temps homme de prière –, cet homme complet et pleinement réalisé, incarnera avec un grand équilibre humain et spirituel la nouvelle Règle de Vie des Frères.

Chapitre 4

Un Supérieur général au cœur de l'Église universelle

L'accueil d'une Règle qui ravive le premier amour

Après l'élection de Jean Bulteau comme Supérieur général, au Chapitre de 1976, la congrégation recueille les fruits de l'aggiornamento, du renouvellement souhaité par Vatican II. L'heure est à l'approfondissement de la Règle et à sa mise en pratique, même si elle tarde à être officiellement approuvée par l'Église. Le nouveau Supérieur s'y attelle, tout en coordonnant le travail d'amendement des textes qui sont *ad experimentum*, depuis 1971.

Sous la houlette de Jean Bulteau, le Conseil général effectue une large consultation des Frères dans le but de recueillir leurs réflexions à propos de cette Règle qui guide leur vie et leur action depuis quelques années déjà. La synthèse des amendements proposés est réalisée en 1982, mais les capitulants de la deuxième session du 26e Chapitre général, au cours de l'été 1983, doivent conformer les modifications au nouveau *Code de droit canonique* signé par Jean-Paul II au début de la même année. Un débat sérieux se déroule cette année-là autour de la question du sacerdoce, pour finalement exclure la possibilité pour un Frère-prêtre d'exercer les fonctions de Supérieur général et de Vicaire général. Sur ce sujet, le concile Vatican II avait en effet déclaré que, dans les Instituts de Frères – étant fermement maintenu le caractère laïcal de ces Instituts –, quelques membres pourraient désormais, par une disposition de leur Chapitre général, recevoir le sacerdoce « à usage interne », pour subvenir aux besoins du ministère sacerdotal dans leurs maisons. Au Chapitre de 1969, la congrégation des Frères de Saint-Gabriel avait donc permis l'ordination presbytérale de quelques Frères – contrairement aux Frères des écoles chrétiennes, aux Frères maristes et aux Frères de l'instruction chrétienne de Ploërmel –, laissant chaque province libre d'en disposer concrètement. La province de France s'y oppose majoritairement, considérant que la vie religieuse est née laïque et qu'il est essentiel de résister à la tendance historique de la cléricaliser. Dans d'autres provinces, une trentaine de Frères au total recevront l'ordination sacerdotale.

« Pour Jean Bulteau, le sacerdoce n'était pas notre vocation. Il s'agissait à ses yeux d'être "Frère, tout simplement"..., comme François d'Assise qui voulait rester diacre », constate F. Bernard Guesdon, archiviste de la congrégation.

Ainsi, légèrement modifié sur divers aspects non essentiels, le texte de la Règle – Règle de Vie, Constitutions et Statuts généraux – est envoyé en octobre 1983 au Vatican, pour être validé par le Dicastère de la vie consacrée. Cependant, la réponse tarde tellement que F. Jean prend sa plus belle plume diplomatique et écrit avec hardiesse au cardinal en charge de cette instance romaine, le 10 avril 1986 : « La longue attente du décret d'approbation suscite chez bon nombre de Frères une légitime impatience. Si l'attente devait encore se prolonger, elle risquerait, nous le craignons, d'amoindrir, chez certains, l'estime et la confiance envers les collaborateurs du Saint-Père. » Finalement, le décret d'approbation parvient au Supérieur général le 14 juin 1986. Selon Frère Louis Bauvineau, historien des Frères de Saint-Gabriel, il semble qu'à la légendaire lenteur de la bureaucratie vaticane se soit ajouté un long va-et-vient entre ce Dicastère et d'autres instances pontificales, à propos notamment de la possibilité ou non de désigner des Frères-prêtres comme Supérieurs provinciaux.

C'était la seconde fois dans son histoire – la première remontait à 1923 – que cet Institut de Frères voyait sa Règle ainsi approuvée. Cette seconde fois, elle l'était après quinze années de réflexion, de recherche et d'expérimentation, à la lumière du renouveau ecclésial de Vatican II. Selon le vœu du 26e Chapitre général, elle allait devenir objet d'étude, au niveau personnel et communautaire comme au niveau provincial ou général.

Dix jours à peine après avoir reçu le décret d'approbation, F. Jean Bulteau adresse à tous ses Frères un commentaire brûlant de cette Règle qui, selon son analyse, « traduit l'expérience vivante de saint Louis-Marie et des Frères qui nous ont précédés », autour de deux grands axes, celui des racines et de l'identité et celui du dynamisme et de la liberté. « Dieu nous invite à une grande aventure, source de défis continuels, en nous associant étroitement au mystère rédempteur du Christ à la suite de saint Louis-Marie », fait-il remarquer au cœur de ce document historique, invitant les Frères à prendre la Règle comme aliment de leur prière et instrument de dialogue entre eux.

« L'approbation de l'Église authentifie la qualité du travail réalisé et explicite la nature du lien vital qui nous relie à saint Louis-Marie de Montfort, notre père, le même lien qui relie les disciples à leur fondateur », souligne le Supérieur général, considérant aussi que cette approbation « constitue un moment culminant dans l'histoire de notre congrégation comme dans notre histoire personnelle. C'est un temps fort d'écoute et d'accueil de la Parole que Dieu nous adresse pour aujourd'hui ». Il veut qu'en méditant le texte de la Règle, chacun retrouve « la vie au-delà des mots ».

« Quand le dynamisme de notre charité diminue, le texte écrit est là pour nous remettre en route, pour objectiver à nouveau ce que librement et consciemment nous avons décidé de vivre. La Règle nous renvoie à notre premier amour et à notre alliance avec Dieu », relève F. Jean qui souligne « la perfection de la charité » comme l'unique objectif.

« La Règle – insiste-t-il – n'est pas un moule destiné à uniformiser ceux qui la suivent, elle est un moyen de libérer leurs énergies et de les orienter vers l'édification du Corps du Christ dans lequel chacun reste lui-même, c'est-à-dire unique. Plus nous parviendrons à intérioriser la Règle, à l'assimiler et à l'intégrer dans nos vies, plus nous deviendrons aptes à mettre au service de tous la richesse des dons que nous avons reçus. Et plus nous nous sentirons libres dans l'amour. »

Au fond, ces textes quelque peu officiels sont un peu comme le Code de la route, explique de façon imagée F. Jean : « Compte le but à atteindre, non la peur des contraventions. » Celui qui a dédié sa vie à la formation de ses Frères trouve les mots pour décrire la substantifique moelle de la Règle : « Elle nous stimule dans notre marche en avant. Elle n'est ni l'origine ni le terme du voyage. Elle est seulement la flèche qui indique la direction. En définitive, ce n'est pas elle que nous suivons mais bien Jésus-Christ. Elle veut seulement jalonner une route sûre – parmi d'autres dans l'Église – vers la sainteté. »

La sainteté en question consiste aux yeux de F. Jean à « accepter de diminuer pour que grandisse le Christ : Donner notre vie chaque jour, vivre le célibat, la pauvreté, l'obéissance au risque d'être souvent incompris. Ne pas céder à la routine ou à l'indifférence dans notre rencontre quotidienne avec Dieu et l'accueil de nos Frères. Vivre chaque jour dans la fidélité du serviteur toujours attentif aux appels de son Maître et, quand les voies du Seigneur ne peuvent s'expliquer, par sa sagesse humaine, continuer à le servir dans l'obscur de la foi ».

Il s'agit pour chaque Frère, en son âme et conscience, de s'appuyer sur la Règle pour se demander intérieurement « comment révéler Jésus-Christ à des jeunes marqués par l'incroyance ou l'indifférence religieuse, inquiets pour leur avenir ou préoccupés de jouissance immédiate, affrontés à un monde professionnel, social ou politique égoïste et dur ? Comment lutter contre les injustices et les inégalités ? Comment répondre aux appels nouveaux de la mission ? ».

« Qu'allons-nous entreprendre pour courir là où Dieu nous fait signe par l'urgence des besoins des hommes ? » se demande Jean Bulteau sur le ton des apôtres, appelant toute la congrégation ainsi réformée à entrer dans la joie de l'espérance, « espérance du semeur patient et persévérant qui fait confiance à la graine et à la terre, qui attend la pluie du ciel et respecte le rythme des saisons et la lente croissance de la vie ».

Il en est persuadé et persuade tous ceux qui lui sont confiés : « La Règle accueillie et vécue est capable dans un monde souvent triste et désespéré de créer des foyers de joie et d'espérance. Joie et espérance contagieuses, surtout pour les jeunes à qui nous pourrons dire "Viens et vois" et qui ne manqueront pas de nous rejoindre, si Dieu les y appelle, pour partager notre vie et construire avec nous de nouvelles communautés au service du Royaume. »

Cette Règle est aussitôt publiée, en français, en anglais, en espagnol, puis en flamand, en italien, en portugais – et même en breton ! –, dans un petit livre d'une centaine de pages, illustré des mêmes images significatives qu'en 1971 : le Christ enseignant de la cathédrale de Chartres sur la couverture, un portrait de Montfort en frontispice et le centre très expressif de l'Annonciation de Fra Angelico. Sa remise aux différentes communautés fait souvent l'objet de sessions et de célébrations.

En 1987, F. Jean rédigera *Les Sources de la Règle de Vie*, recueil contenant les citations bibliques, conciliaires et montfortaines. Il connaît si bien la Règle qu'après son généralat, il continuera à la commenter et à animer des sessions pour l'approfondir et mieux la mettre en pratique.

Une voie alternative : la vocation de Frère

Suite au concile Vatican II, le Chapitre général spécial de 1969-1971, rédigeant une Règle de Vie rénovée, avait beaucoup insisté sur la vie fraternelle. Jean Bulteau est donc bien décidé à marcher dans la voie ainsi tracée. Sur cette ligne évangélique, le chapitre 9 de la Règle de Vie – Vivre en frères dans le Christ – commence de cette façon : « L'amour est le lien véritable de votre communauté. Aimez-vous en frères comme Jésus vous a aimés. La charité est patiente et serviable, elle n'est pas envieuse et ne cherche pas son intérêt, elle ne s'irrite pas et ne tient pas compte du mal, elle excuse tout, croit tout, espère tout, supporte tout. Cet amour vrai, vécu dans la simplicité et dans la joie, sera votre réponse au commandement du Seigneur et le signe authentique de votre amour pour Dieu » (n° 45).

Afin que ses Frères s'entraînent à une telle qualité de vie communautaire, le Supérieur général, formateur dans l'âme, envoie plusieurs d'entre eux en Suisse, à l'École de la foi créée en 1969 par le père Jacques Loew, figure du mouvement des prêtres-ouvriers en France, surnommé le « docker de Dieu ». Ce centre spirituel et communautaire international offre une formation de deux ans, centrée sur la Parole de Dieu étudiée, célébrée et vécue au quotidien de façon très concrète.

F. Jean est membre du bureau de cette École de la foi, de 1977 à 1988, occupant même le poste de président du Conseil de fondation. Il veut que des religieux fassent cette expérience, comme un second noviciat, en particulier afin qu'ils s'enracinent dans la Parole de Dieu et puissent aider d'autres personnes ensuite – comme enseignants surtout – à la partager pour s'en nourrir.

Dans la lettre circulaire du Conseil général, datée de juin 1977, l'accent est essentiellement mis sur « l'échange communautaire autour de la Parole de Dieu » qui « unit les Frères dans une même recherche de la volonté du Seigneur », « les aide à approfondir leur connaissance mutuelle dans la foi », provoquant « l'estime réciproque et l'action de grâces commune », stimulant et engageant à « l'action concertée ». « Chacun est interpellé par la Parole incarnée dans ses Frères, comme il l'est par le texte de la Bible lui-même », est-il précisé en s'appuyant sur la nouvelle Règle, comme un écho à l'expérience de l'École de la foi mais aussi à une pratique centrale, dans le mouvement des Focolari, autour de la « Parole de Vie », d'un commentaire médité de l'Évangile destiné à être mis en pratique.

« Le Frère regarde sa vie dans la lumière de la Parole de Dieu. Pour contempler Jésus-Christ, il s'unit à Marie qui est particulièrement associée à l'œuvre rédemptrice de son Fils », note encore cette lettre, citant les Constitutions liées à la Règle, en forme de rappel de la vocation intrinsèquement mariale de chaque religieux, invité comme Marie à donner chair au Verbe de Vie, Parole de Dieu incarnée, en vivant pleinement l'Évangile. « S'unir à Marie dans l'oraison en s'inspirant de ce que Montfort propose au sujet de la communion, puisque accueillir la Parole est une manière de recevoir le Verbe de Dieu », écrira F. Jean en forme de synthèse dans cette même lettre circulaire du Conseil général, en juin 1977, citant le fameux *Traité de la vraie dévotion* de saint Louis-Marie (n° 266 et suivants).

Jean Bulteau propose que chaque Frère s'exerce à « accueillir la Parole avec la foi simple des petits et des pauvres, dans un cœur ouvert et désencombré », qu'il la médite longuement, la conserve vivante dans la mémoire et dans le cœur. Chacun est invité à en faire l'essentiel de sa prière, pour ensuite être capable, à l'exemple de Marie, d'une attention spéciale aux « implications concrètes de la Parole » et aux « réalités pratiques de la vie de tous les jours », comme à Cana quand la mère de Jésus dit aux serviteurs du repas : « Ils n'ont plus de vin... » Et, à la source de cette lumière biblique, F. Jean indique la prière du rosaire comme un instrument qui permet de « référer notre vie à la Parole de Dieu sous le regard de Marie ». Dieu est présent dans sa Parole, là où elle se vit, parmi les Frères, au cœur de la communauté.

Témoin de la Parole vécue, Jean Bulteau se définira dans un texte tardif, synthèse de sa vie donnée à Dieu et à l'humanité, en une formule choc qui semble ouvrir une voie alternative : « Ni prêtre, ni laïc, mais Frère. » « Le mot "Frère" évoque pour moi la famille, un lieu où l'on ne choisit ni ses parents, ni ses frères et sœurs, mais où l'on vit ensemble sous le même toit, où l'on s'aime mutuellement, où chacun peut compter sur les autres », écrit-il, rappelant que vivre en Frère implique en son for interne – comme le précise la Règle de son Institut – « l'accueil de chaque Frère avec ses richesses et ses limites, dans l'estime et la confiance réciproques, la répartition équilibrée des tâches communes, le partage et l'entraide pour entretenir vos forces spirituelles et votre dynamisme apostolique ».

Il poursuit : « La même formation initiale que nous avons reçue n'ayant pas gommé nos différences de personnes, les tensions peuvent parfois exister ; Dieu merci, elles sont très rares, mais la franchise de nos relations habituelles nous aide à les surmonter sans tarder. Nous savons nous dire ce qui va ou ce qui ne va pas, nous pardonner et repartir. Nous nous supportons ainsi les uns les autres, non pas au sens de considérer l'autre comme un fardeau, mais au sens sportif d'être mutuellement des "supporteurs", de nous encourager à aller de l'avant. Quelle chance pour moi de revoir mes Frères chaque matin avec un regard neuf ! » Et il confie que la spiritualité de Chiara Lubich et son « art d'aimer » l'aident grandement, surtout avec « le choix de Jésus abandonné que j'ai l'occasion de découvrir chaque jour dans le visage de chacun de mes Frères ». Ainsi il essaie de reconnaître la présence du Christ souffrant en chaque difficulté traversée, ce qui lui permet de rester dans l'amour en toutes circonstances, sans jamais baisser les bras ou sombrer dans la désillusion. Il aime toujours, il aime en premier ! L'art d'aimer est concrétisé sur chaque face d'un dé qui s'expérimente au rythme d'un temps choisi par chaque personne : valoriser chaque personne (aimer chaque prochain), s'épauler par des actes, partager ses compétences, bâtir des liens (aimer tout le monde), prendre l'initiative d'aider (aimer en premier), les concurrents sont des amis (aimer ses ennemis) (cf. sur le Net : le dé de l'amour).

La prière en commun, le temps des repas, les échanges communautaires, les informations sur les rencontres ou les réunions sont pour lui autant de moments privilégiés pour renforcer les relations fraternelles et pour revenir à leurs sources. « Mes Frères et moi pouvons en témoigner et nous sommes heureux de le dire : l'amour fraternel, don constant de nous-mêmes aux autres, lien véritable de notre communauté, nous donne, jour après jour, une grande joie. C'est vraiment un chemin de bonheur ! » Et il conclut dans ce même texte : « Je ne peux donc, personnellement, que rendre grâce à Dieu de m'avoir appelé à cette magnifique vocation : Frère… tout simplement ! »

Toujours soucieux de préserver la vie fraternelle, source de la présence du Christ entre les religieux et pour ceux qui les entourent, dans une de ses lettres de Supérieur général, datée du mois d'octobre 1981, il prévient contre le danger de l'activisme, source de terribles déviances : « Celui qui ne se sent pas à l'aise avec lui-même ne sera pas à l'aise avec les autres. Il s'efforcera de fuir en se jetant dans l'activisme. L'activisme : c'est le motocycliste qui, à la foire, roule sur la paroi verticale. Si sa vitesse diminue, il s'écrase. Il en est de même pour certains. Aussi longtemps qu'ils peuvent s'étourdir dans une activité débordante, sans voir le bout de leur besogne, tout va bien. S'ils changent de rythme et diminuent l'allure, ils tombent dans le trou, au beau milieu de leur vie. Fébriles dans l'activité, persuadés qu'il ne peut en être autrement, ils n'ont pas le temps de scruter leur vide ou leur solitude. Toujours au galop… mais pour fuir d'eux-mêmes. »

S'agissant de comportements désastreux de certains Frères mal dans leur peau, dénoncés bien plus tard, il faut constater que Frère Jean Bulteau n'a pas été confronté directement à la question des crimes d'abus sexuels en tant que Supérieur, sans doute parce qu'à cette époque, les victimes – tétanisées et isolées – n'osaient évoquer les abus subis et que les informations ne remontaient donc pas jusqu'aux plus hautes instances décisionnelles.

Riche d'une foi à l'œuvre et d'une expérience spirituelle dont il rayonne partout où il passe, F. Jean, membre du conseil exécutif de l'Union des Supérieurs généraux (USG), de 1977 à 1988, participe à ce titre comme auditeur au synode extraordinaire des évêques à Rome en novembre et décembre 1985. Là, au milieu d'une centaine de pères synodaux, d'une cinquantaine d'invités et d'une quinzaine d'auditeurs, il se retrouve par le hasard de l'ordre alphabétique assis près de la sœur Bojaxhiu, plus connue sous le nom de mère Teresa, échangeant avec Chiara Lubich, présente également, jusqu'à partager même un petit-déjeuner avec elles, à la table du pape Jean-Paul II.

« Parmi les invités, il y avait aussi Chiara Lubich, fondatrice des Focolari. J'ai eu l'occasion de causer brièvement avec elle plusieurs fois. Sa présence a été extrêmement discrète. Peut-être qu'au Cénacle, Marie agissait ainsi au milieu des apôtres. La spiritualité de son mouvement répond tout à fait aux besoins de l'Église en recherche d'identité de communion et d'unité à tous les niveaux », rapporte-t-il au retour, à la fin de ce synode. Comme il l'exprime à ses Frères dans une de ses lettres datée de décembre 1985, il se sent davantage encore « responsable de la mise en œuvre de Vatican II » : « J'ai mieux compris l'importance des quatre Constitutions conciliaires, les autres documents, décrets et déclarations, devant être lus à leur lumière, par exemple, pour nous religieux, *Perfectae Caritatis*. J'ai été témoin d'une des expressions de la collégialité dans l'Église. J'ai vécu un temps fort de communion ecclésiale. Je pense pouvoir affirmer que mon amour pour l'Église, pour le pape et pour tous les pasteurs a grandi. L'unité de tous les chrétiens me concerne davantage. Je me sens plus proche du monde entier. »

Avec le recul, tandis que le sacerdoce catholique, trop longtemps conçu comme un pouvoir, perd de sa crédibilité aujourd'hui à cause des scandales à répétition qui ébranlent la foi de nombreux laïcs, la vocation de Frère qu'illustre Jean Bulteau peut apparaître comme « une troisième voie » fort appropriée en vue de témoigner du Christ dans la société sécularisée. Aux côtés des simples baptisés, des femmes en particulier qui trouvent peu à peu toute leur place dans l'Église grâce à une saine théologie du laïcat, les religieux-Frères participent à rendre effectif « l'appel universel à la sainteté » que le Concile a fait retentir, loin de toute conception ecclésiale élitiste ou cléricale.

« La vocation religieuse peut encore être signifiante aujourd'hui à travers la communion évangélique, c'est-à-dire la qualité des rapports interpersonnels », fait-il remarquer dans une conférence sur la vie consacrée. « Cette communion nous offre la possibilité de manifester la réalité transcendante, surnaturelle, qui est à la racine de notre vocation ; elle nous permet de montrer par la vie notre vraie identité, au milieu des réalités temporelles, de nos activités, sans qu'il soit besoin de signes, de prières ou de paroles de foi : cela se voit. Par exemple, dit-il, après la visite d'un de nos établissements, école ou clinique, les gens pourraient non seulement dire : Quelle belle école ! Quelle belle clinique ! Quelle organisation ! Mais ils devraient plutôt répéter : Quel climat ! Quel accueil ! Il y a vraiment entre eux quelque chose de spécial ! »

La fidélité créatrice au charisme montfortain

Au cours de son généralat, Jean Bulteau est le chantre de l'unité des trois congrégations montfortaines, en vue de pouvoir offrir plus largement le charisme hérité du fondateur à l'Église entière. Le 31 mai 1977, il signe une « lettre commune », avec le père Marcel Gendrot, Supérieur général des Missionnaires montfortains, et la sœur Ludovic-Marie, Supérieure générale des Filles de la Sagesse, à l'occasion du 30e anniversaire de la canonisation de saint Louis-Marie, afin de réveiller « l'âme missionnaire » de toute la Famille montfortaine, invitant religieuses et religieux à redoubler d'attention envers « la clameur des pauvres ». Dans la ligne de ce qu'il a réalisé symboliquement à La Hillière, quand il était Provincial, il a voulu en 1979 que les Frères de Saint-Gabriel participent aux frais d'achat et d'aménagement de l'ancienne gendarmerie qui jouxte la maison natale de Louis-Marie Grignion de Montfort, rue de la Saulnerie, à Montfort-sur-Meu, près de Rennes, en Bretagne.

Avec les Filles de la Sagesse et les Missionnaires de la Compagnie de Marie, les Frères veulent, à travers l'entretien et l'agrandissement de ce centre spirituel montfortain, cultiver la mémoire vivante de leur père commun. Les échanges de lettres entre les trois Supérieurs généraux de l'époque, ainsi que les photos qui les montrent rassemblés et souriants, laissent deviner un véritable « printemps montfortain », au service de « la richesse du charisme de saint Louis-Marie vécu et exprimé diversement par les membres des trois Instituts », selon les mots de F. Jean. Des rencontres régulières entre les Supérieurs montfortains continueront d'illustrer cette volonté d'unité, notamment pendant son second mandat, dans les années 1980.

Jean se dépense sans cesse en vue de cette unité, comme en témoigne notamment son voyage épique de Supérieur général dans le diocèse d'Isangi, au Congo-Kinshasa, dans l'ex-Zaïre, lors des cinquante ans de présence des Filles de la Sagesse. Après avoir parcouru des centaines de kilomètres de piste improbable, il encourage les trois congrégations à travailler de concert au service de l'éducation des jeunes ayant un handicap auditif et visuel, comme le rapporte Frère Raf Fouquet qui le recevait dans sa brousse éloignée de tout et se souvient, encore aujourd'hui, des moments insolites vécus en « Frères », ceux d'un Supérieur général dans la même galère que lui.

Cet esprit de famille est historiquement à l'origine des trois Instituts, dans l'ouest de la France au début du XVIIIe siècle. Quatre ans après la mort du père de Montfort, quelques-uns de ses premiers disciples, d'abord Sœurs et Frères, puis les Pères, s'installent à Saint-Laurent, là où le missionnaire itinérant était mort d'épuisement à l'âge de 43 ans, souffrant notamment d'une pleurésie ajoutée aux séquelles d'une tentative d'empoisonnement. Pendant cent quinze ans, Pères et Frères vivront ensemble, dans la communauté dite « du Saint-Esprit », ne dépassant pas, durant les premières décennies, une vingtaine de membres, mais proches de la communauté des Filles de la Sagesse, et désireux, tous ensemble, de continuer à « renouveler l'esprit du christianisme chez les chrétiens », à la suite de Montfort, spécialement à travers l'enseignement aux enfants des classes populaires et à la « médication » des pauvres. Plus tard, en 1835, l'administration des Frères deviendra indépendante de la Compagnie de Marie, mais la fidélité au fondateur demeurera vive chez tous les gabriélistes.

F. Jean plaide au nom de cette fidélité, particulièrement dans sa première lettre comme Supérieur général, en décembre 1979, puis dans la suite des lettres collégiales du Conseil général. Il raconte une retraite sur les pas de Montfort, qui a rassemblé les membres des trois Conseils généraux de la Famille montfortaine. Ils viennent alors de faire une retraite itinérante qui les a conduits en différents lieux où Louis-Marie de Montfort a grandi et exercé son apostolat : Paris, Chartres, Montfort-sur-Meu et ses environs, Pontchâteau, Nantes, Saumur, Poitiers, La Rochelle, Saint-Laurent. « Ces douze jours vécus ensemble ont favorisé une meilleure connaissance mutuelle, indispensable à un travail en commun au service de la Famille montfortaine. La visite des lieux où Louis-Marie et ses premiers disciples – notamment Marie-Louise de Jésus – ont vécu, prié, missionné, a été une grâce. Elle m'a permis de communier à la fois très concrètement, physiquement et spirituellement à ceux dont nous sommes les successeurs. C'est une approche très riche de l'inspiration montfortaine », relève-t-il. Souvent, durant les visites en ces lieux de mémoire vive, il se disait : « C'est parce que Louis-Marie et ses disciples qui m'ont précédé ont dit oui à Dieu que nous sommes là aujourd'hui. C'était un appel à plus de fidélité dans l'imprévu providentiel de chaque jour. »

Il éprouve la nécessité de progresser encore dans la connaissance et la familiarité avec Louis-Marie, renvoyant ses Frères aux moyens donnés par leur fondateur pour trouver la Sagesse (*L'Amour de la Sagesse éternelle*, chap. 15, 16, 17). « Nous n'aurons jamais fini de comprendre la richesse de la spiritualité montfortaine. Et pourtant, dans l'Église, nous devons par notre vie la faire connaître au peuple chrétien. Une initiation, au cours de la formation première, si sérieuse soit-elle, ne peut nous satisfaire. Un contact périodique avec la personne de Louis-Marie, à travers sa vie et ses œuvres, éclaire et revitalise ce que nous vivons nous-mêmes à sa suite aujourd'hui », insiste-t-il, souhaitant que beaucoup de Frères de Saint-Gabriel puissent faire cette expérience du charisme fondateur, sur les « Pas de Montfort », comme « don de la libéralité de l'Esprit du Christ ».

Dans une autre lettre, en 1982, il revient plus en détail sur cette identité montfortaine, reprenant des éléments d'interventions précédentes. Il s'adresse aux responsables de la formation des Filles de la Sagesse ou encore à l'Union des Supérieurs généraux. « Mon propos est de tenter d'exprimer la nature du lien vital qui nous rattache à saint Louis-Marie et d'aider l'ensemble de l'Institut à en prendre une plus vive conscience en vue de faire fructifier, dans l'Église, la part du patrimoine montfortain dont nous sommes héritiers et responsables », écrit-il à ses Frères, citant toujours la Règle, nouvelle boussole de la congrégation après le Concile.

« En rédigeant la Règle de Vie et les Constitutions après Vatican II, le Chapitre général de 1969-1971 a explicité, pour la première fois dans nos textes, les éléments du charisme montfortain vécus par les Frères de Saint-Gabriel. Les Constitutions antérieures n'en portaient que des traces – significatives certes – plusieurs fois retouchées, un peu plus développées en 1959. Les capitulants ont ainsi exprimé ensemble le meilleur d'eux-mêmes, leur nature propre, en fidélité à la tradition vivante de l'Institut », tient-il à rappeler.

« Ce que Montfort dit de Marie toute relative à Dieu (*Traité de la vraie dévotion à la Sainte Vierge*, 225) s'applique *a fortiori* à lui-même. Louis-Marie est pour nous un relais parmi d'autres dans notre marche au sein du peuple de Dieu. Marie, les apôtres, nos parents, tel ou tel éducateur, les Frères qui nous ont précédés, étant aussi, à leur manière, d'autres relais », considère Frère Jean qui parle abondamment de l'Esprit saint ayant inscrit au cœur du fondateur et de ses disciples « le même appel à privilégier certains aspects de l'Évangile ».

« Un lien particulier – sorte de nouveau lien du sang – est ainsi créé au sein d'une véritable famille spirituelle, lien de chacun de ses membres avec celui que l'Esprit a choisi et placé à l'origine, lien des membres entre eux. C'est une réalité du Royaume de Dieu étonnante pour qui ne l'a pas expérimentée », affirme-t-il avec fougue, très inspiré par le fait que Vatican II avait mis en relief le caractère charismatique de la vie religieuse. « De l'idée d'état religieux, donc d'une vue essentiellement statique et juridique, d'une considération des religieux dans leur situation canonique qui les caractérise face aux laïcs et aux clercs, on débouche sur

ORIGINE : SA PAROISSE ET SES PARENTS

Les fonts baptismaux de l'église, où Jean a été baptisé en 1930.

L'église de la paroisse à Belleville-sur-Vie (Vendée).

Fernand, le père de Jean, était sabotier à plein temps. Ces sabots de bois ont été travaillés par lui.

La mère de Jean, Élise Guichet, était chargée de la maison et du jardin.

FAMILLE ET ÉCOLE

↑ L'école fréquentée par Jean à Belleville.

↑ Au village de la Piglière de Belleville : la maison familiale Bulteau incorporait un atelier de saboterie.

↑ Les 4 enfants Bulteau : à g. Jean ; à dr. Fernand ; en haut : Marie-Josèphe et en bas : Denise (dessin au fusain).

← A g. : F. Jean ; debout au milieu : Fernand ; à dr. : Denise, religieuse de Mormaison ; en bas : Marie-Josèphe.

FORMATION, POSTE D'ENSEIGNANT, SERVICE MILITAIRE

A 13 ans, au juvénat (collège) de La Tremblaie près de Cholet (1943).

F. Jean, professeur au grand juvénat de St-Laurent-sur-Sèvre. (1958).

En Algérie, avec Claude, l'un de ses camarades.

Lors de la guerre d'Algérie (1956).

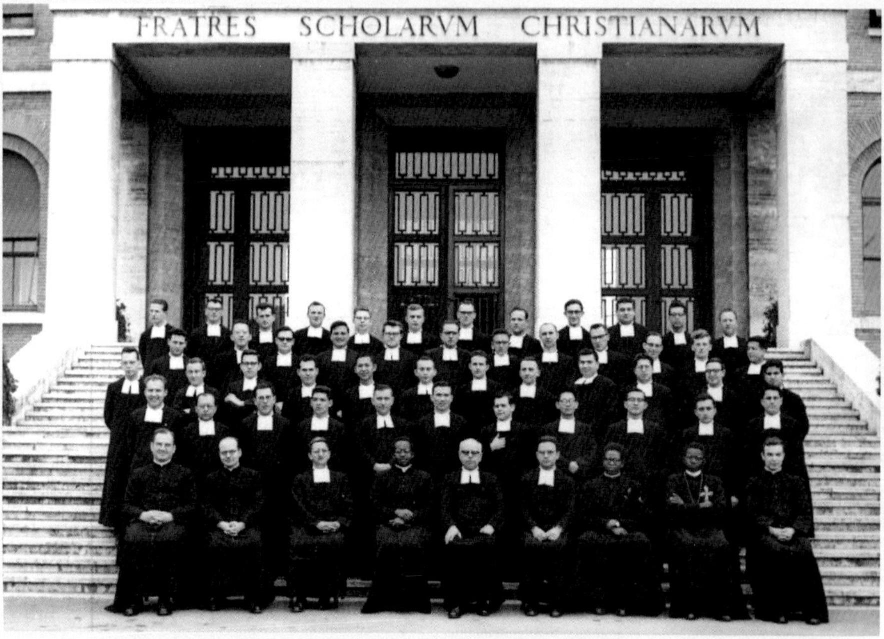

A Rome, chez les Frères des Écoles Chrétiennes, lors de l'une de ses quatre années d'études à *Jesus Magister,* ici en 1961. Au 1er rang: à g.: F. Jean et à l'extrême droite: F. Paul Texier.

Le groupe des Frères qui se sont engagés par vœux perpétuels le 15 août 1957. F. Jean est dans la 1ère rangée, le 2ème à partir de la gauche.

PROVINCIAL DE VENDÉE PUIS DE FRANCE

F. Jean, provincial de France, avec le maire de la commune de Tailhac et deux Frères provinciaux de région: Alexandre Fétiveau et Gabriel Foucher (vers 1972).

F. Jean visite une communauté.

Groupe de religieux de plusieurs instituts à la mariapolis de Dijon, vers 1971. F. Jean est dans la rangée du bas au milieu.

Avec sa communauté à La Mothe-Achard (Vendée) de 1989 à 2010. De g. à dr.: FF. René Gaborit, Jean Bulteau, Hervé Kervarec et Bernard Hervé.

LA FAMILLE MONTFORTAINE

Session intermontfortaine en mai 1973 lors du mandat de F. Romain Landry. F. Jean est en haut, le 4ème à partir de la gauche.

Les supérieurs généraux de chaque congrégation montfortaine : F. Jean, fsg; Sœur Ludovic, fdls, Haïtienne; P. Lemire, smm, Canadien.

Rencontre intermontfortaine.

Au pèlerinage montfortain à Lourdes en 1986.

L'administration centrale des Frères, lors du 1er mandat de 1977 à 1982: FF. Mattijs Claessens, Jean-Baptiste Rolandeau, Jean Bulteau, Antony Francisco, Marcel Raymond et Victor Chaillou.

Lors de la réélection de F. Jean pour un mandat de six ans, en décembre 1982. Au 1er rang, de g. à dr : FF. Ambrose, Juan Ciérvide, Antony Francisco, Jean Bulteau, Guy Saint-Onge et Jean Friant.

RENCONTRES

A l'École de la foi à Fribourg, Suisse, en 1984.

En 1988, lors du 150ème anniversaire de la fondation du collège St-Gabriel de St-Laurent-sur-Sèvre (Vendée).
A gauche : le cardinal Poupard et F. Joseph Brethomé, directeur.
A droite : F. Jean et Mgr Paty, évêque de Luçon.

Jean Bulteau et Jean-Paul II, Chiara Lubich en arrière-plan, lors du synode extraordinaire, vingt ans après la clôture de Vatican II, afin d'approfondir ses décisions, le 27 novembre 1985.

VISITES EN AFRIQUE

Au Sénégal en 1980.

A Brazzaville (Congo), F. Jean a écrit dans son journal du 5 janvier 1980 : « J'ai vu une grotte de Lourdes inaugurée le 16 décembre, aménagée par F. Kimpiriri. On y vient déjà prier. »

En 1981 à Tamatave (Madagascar): FF. René Nizon, Jean, Jean-Pierre Calvez & P. Samuel Malo.

VOYAGES EN ASIE

Visite en Inde au collège de Pondur (TN) en 1978 (dans l'actuelle province de Bengaluru): FF. Anselm, Xavier Montfort, Jean, 2 jeunes Frères, Antony Francisco, vicaire général.

En 1978 au noviciat du Sacré-Cœur de Eachinkadu à Yercaud (TN): rencontre des provinciaux et des supérieurs de l'Inde Sud, de la Thaïlande et de Malaisie-Singapour.

Visite à l'école de Chengalpattu (TN, Inde) en 1978, avec F. John M.P., directeur (province actuelle de Yercaud).

VISITES EN ASIE ET OCÉANIE

Visite en 1981 à Suryapet (Inde, Pune) ; accueil des personnes âgées et handicapées.

Au complexe Saint-Louis des sourds et des aveugles (Chennai) : le chœur musical.

En 1979 au collège mixte Saint-François de Bhopal (Madya Pradesh), actuelle province fsg de Dehli. Les élèves signifient un respect mutuel entre F. Jean et eux.

Au Boys' Town de Suva (îles Fidji) : cérémonie d'accueil selon la culture locale.

VISITES EN THAÏLANDE

A l'université de l'Assomption à Bangkok en 1979 : une partie du Conseil d'institut en visite. Environ 20 000 étudiants s'y forment.

Rencontre des Frères en Thaïlande.

Dans le Nord du pays, à Changmai, visite de la communauté des Frères au collège Montfort en 1985.

la notion évangélique et dynamique de vie avec tout ce qu'elle implique de charité et d'engagement humain », résume-t-il, brûlant du désir spirituel de communiquer ce qu'il entrevoit pas à pas.

Si, en 1714, lors de sa rencontre avec Jean-Baptiste Blain – chanoine de Rouen, son condisciple au collège et au séminaire qui lui reprochait de trop en faire – Montfort montra l'Évangile comme étant sa seule règle de conduite, il avait sa manière propre de le vivre, en tant que missionnaire avant tout. Jean Bulteau signale dans sa lettre que toute l'activité inlassable de Louis-Marie – surtout comme « missionnaire apostolique » après 1706, mais également dès ses années de formation avant 1700 et durant sa période de tâtonnements de 1700 à 1706 – fut orientée vers cette fin : ses déplacements, écrits, fondations, ses temps de solitude et de retraite, ses missions avec rénovation des vœux du baptême de la part des adultes, puis plantation de croix ou de calvaire. Il en fut ainsi à Pontchâteau en Loire-Atlantique ou à l'île d'Yeu, en Vendée, près de la chapelle actuelle dite « du Père de Montfort ».

Dans sa lettre de Supérieur général en octobre 1982, F. Jean Bulteau campe en quelques mots lumineux ce qui est au cœur du charisme de saint Louis-Marie : « Sa passion est de faire connaître et aimer Jésus-Christ que lui-même a découvert comme suprême Sagesse éternelle, incarnée, crucifiée et glorieuse [...]. Jésus-Christ est la perle précieuse, la science la plus noble et la plus sublime » (cf. *L'Amour de la Sagesse éternelle*,

ASE, n° 9 et 188). « Connaître Jésus-Christ, Dieu et homme, c'est donc tout savoir. Ne pas le connaître, c'est ne rien savoir. Donc le connaître et le faire connaître. Jésus-Christ est encore toute bonté, amour même du Père et du Saint-Esprit, toute douceur pour attirer les hommes à son amitié (cf. *ASE*, n° 11 et 118). Donc l'aimer et le faire aimer. La divine Sagesse, don du Père aux hommes, doit être désirée, recherchée, demandée, pour être acquise, possédée, communiquée (cf. *ASE*, n° 181) ». Voilà la fin ultime à poursuivre sans cesse. F. Jean affirme que la Sagesse a unifié la vie de Montfort.

Pour le Supérieur général, qui s'appuie sur la description que Blain fait de Montfort, « la marque des missionnaires et des hommes apostoliques consiste en ce qu'ils ont toujours quelque chose de nouveau à entreprendre, quelque œuvre sainte à établir ou à défendre. Dans la ligne de la mission (*Règle de Vie*, 63 et 64), nous participons, principalement en tant qu'éducateurs, à la mission ecclésiale d'évangélisation et nous sommes instamment conviés à porter une attention privilégiée aux pauvres », fait-il ressortir avec clarté. « On peut encore aisément trouver, dans les textes de la Règle et des Constitutions, des touches montfortaines caractéristiques, par exemple la mobilité au service de la mission, le partage de la condition des hommes, notamment celle des pauvres, la souplesse des structures, le service des vocations, l'acceptation de multiples tensions dans notre vie… »

Afin que ce charisme soit incessamment vivant et revitalisé, il invite ses Frères à dire le chapelet chaque jour pour demander la lumière et la force de l'Esprit, dans une attitude de pauvreté et d'accueil. « N'hésitez pas à rappeler à vos Frères, en communauté ou au niveau provincial, l'importance de cette supplication à l'Esprit saint », exhorte-t-il en citant deux phrases au cœur de l'Évangile très présentes également dans la spiritualité des Focolari qu'il a fait sienne : « Je vous le déclare encore, si deux d'entre vous, sur la terre, se mettent d'accord pour demander quoi que ce soit, cela leur sera accordé par mon Père qui est aux cieux » (Mt 18,19) et « [...] combien plus le Père céleste donnera-t-il l'Esprit Saint à ceux qui le lui demandent » (Lc 11,13).

Et pour laisser agir l'Esprit au-delà des écrits, Jean Bulteau, fils de Montfort, demande à tous de renouveler chaque jour en communauté leur consécration à Jésus-Christ, par les mains de Marie, selon la formule de saint Louis-Marie : « Je vous choisis, aujourd'hui, ô Marie, en présence de toute la cour céleste, pour ma mère et ma reine. Je vous livre et consacre, en toute soumission et amour, mon corps et mon âme, mes bien intérieurs et extérieurs, et la valeur même de mes bonnes actions passées, présentes et futures, vous laissant un entier et plein droit de disposer de moi et de tout ce qui m'appartient, sans exception, selon votre bon plaisir, à la plus grande gloire de Dieu, dans le temps et l'éternité. »

Chapitre 5

Un maître spirituel engagé dans l'Église locale

« Montfort aime toujours en premier : il fait le premier pas »

En 1987, Jean Bulteau rédige *Les Sources de la Règle de Vie*, un recueil contenant les citations bibliques, conciliaires et montfortaines, qui ont inspiré chacun des articles de la Règle. C'est une mine précieuse pour tous les Frères de Saint-Gabriel, les écrits du fondateur étant mis en relation à la fois avec la Parole de Dieu qui résonne dans la Bible et avec les grands enseignements du concile Vatican II, dans une unique perspective : « Recherchez l'amour [...] » (1 Co 14,1).

Ayant accompli cette mission et comme pour conclure son généralat, il accompagne le cardinal Paul Poupard – alors président du Conseil pontifical de la culture –, venu présider le 150e anniversaire de l'institution Saint-Gabriel, le dimanche 9 octobre 1988, à Saint-Laurent-sur-Sèvre. Tout de rouge vêtu, son ancien camarade du djebel algérien, que F. Jean a retrouvé à Rome et a souvent invité à la maison généralice des Frères, encourage les religieux dans leur mission d'éducateurs, les exhortant à « jeter dans le monde qui pense un ferment chrétien », selon l'expression de Mgr Maurice d'Hulst, fondateur et recteur de l'Institut catholique de Paris.

F. Jean rend hommage ce jour-là aux Frères qui – du vivant de Gabriel Deshayes et ensuite de la cour de Saint-Gabriel à Saint-Laurent – sont partis créer, à travers la France, un bon nombre d'écoles primaires et plusieurs établissements pour les sourds. « De cette cour également, six Frères sont partis avec joie vers le Québec, un jour de septembre 1888. C'était le premier départ des Frères de Saint-Gabriel à l'étranger… », note-t-il. « De cette cour encore, en 1903, les Frères sont partis, parfois à contrecœur, pour l'exil, frappés par la loi dite "d'association" mais qui était en fait une loi d'exception dirigée contre les congrégations religieuses. L'esprit missionnaire des Frères y trouva pourtant son compte puisque ladite loi provoqua l'implantation de la congrégation non seulement dans les pays voisins mais au Gabon, en Inde, en Thaïlande, à Madagascar et ailleurs, première grande impulsion internationale donnée aux Frères de Saint-Gabriel que l'on retrouve aujourd'hui dans plus de vingt-cinq pays », rappelle-t-il avec une profonde gratitude envers la Providence divine qui ne cesse d'écrire droit avec des lignes courbes, et après cet événement autour du cardinal Poupard qui vient de dévoiler la date historique 1903, de grande importance pour la congrégation.

Puis à la fin de ses deux mandats de Supérieur général, en 1988, F. Jean intègre la communauté de La Mothe-Achard, où des Frères exploitent une ferme de cinquante hectares, avec cent vingt têtes de bétail et un grand verger. « De retour en France, j'ai rejoint une communauté de sept Frères. Je me suis facilement intégré à ma nouvelle communauté, participant occasionnellement aux travaux de l'exploitation », raconte l'ancien Supérieur général qui a besoin d'exercice physique. « Quelle nouveauté par rapport à ce que j'avais vécu jusque-là ! s'exclame-t-il, ajoutant, tout en riant de bon cœur : Je suis passé de la tête des Frères au cul des vaches… » Ses qualités de bon vivant – comme Jésus selon ce que rapporte l'Évangile (Mt 11,19) – sont appréciées de tous et favorisent la convivialité.

Il n'est plus le premier responsable de l'Institut, il est simplement un Frère parmi d'autres Frères, ce que, au fond, il n'a jamais cessé d'être. Ses absences – pour raison d'apostolat – sont bien moins nombreuses que durant les vingt années de provincialat ou de généralat. Il aime la maison commune, sa chambre, la grande salle à manger, la salle de télévision, la salle de réunion et d'accueil, la chapelle avec Jésus Eucharistie. Il s'intéresse au travail des Frères et cultive quelques fleurs, des géraniums et du romarin. Il cueille ou calibre les fruits pour la vente. « Le travail des Frères n'empêchait pas les temps de détente joyeuse, signe de bonne entente entre nous », précise-t-il en se remémorant cette étape. Il demeure toujours prêt à contribuer aux moments de convivialité au cours desquels il apprécie d'entonner, toujours avec succès, sa célèbre chanson intitulée *Pour être missionnaire* avec l'humour pince-sans-rire qui le caractérise depuis l'enfance. Ses confrères reprennent en chœur : « Pour être missionnaire, la barbe n'est pas nécessaire. Mais il faut, dans tous les cas, bon pied, bon œil, bon estomac, la tête solide, pas de mal au foie, savoir supporter avec joie la faim, la soif et la chaleur, avoir du cran, avoir du cœur, être muni d'une bonne jugeote, et n'avoir pas trop la bougeotte… Mais ce qu'il faut par-dessus tout : aimer le Christ d'un amour fou ! »

Partageant dès lors son temps et ses compétences entre le diocèse, au service de la formation des prêtres et des laïcs, et la congrégation, en particulier dans sa province religieuse, il est essentiellement un guide pour faire découvrir ce grand saint qu'est Montfort. « Il s'investit personnellement pour offrir aux Frères, mais aussi à de nombreux laïcs, l'originalité de l'expérience missionnaire du père de Montfort, la richesse et la profondeur de sa spiritualité, bien de l'Église », atteste F. John Kallarackal, Supérieur général dans les années 2020, rappelant que le travail postconciliaire pour repenser la Règle a été l'occasion d'une profonde interprétation de la manière de comprendre ce que signifie, pour les Frères de Saint-Gabriel, être « montfortains ».

Il offre ainsi à bon nombre de chrétiens, par des enseignements, des émissions radiophoniques, les fruits de ses recherches sur un certain nombre de thèmes majeurs de la spiritualité montfortaine. Il accepte par exemple une série d'entretiens pour RCF (Radio chrétienne de France), présentant le père de Montfort sur les ondes nationales.

Ce qui anime profondément, passionnément F. Jean, c'est bien de faire connaître au peuple de Dieu la spiritualité montfortaine. Il s'y consacre particulièrement dans le cadre du pèlerinage montfortain à Lourdes qui exige une préparation tous azimuts, spécialement la formation des membres de l'Hospitalité, ces volontaires qui accompagnent les personnes malades. L'association est formée de bénévoles, religieux et religieuses, mais surtout de laïcs hospitalières et hospitaliers, dits « brancardiers ». L'objectif principal est d'organiser, chaque année, ce pèlerinage à Lourdes pour environ 700 malades et 7 000 pèlerins. Avec simplicité et humour, il sait toucher les cœurs de tous ceux qui tournent autour des malades, durant les six sessions de deux jours, réparties sur trois années, s'adaptant au public auquel il s'adresse.

Afin de favoriser la convivialité et le climat de confiance, il réunit dans une brasserie la petite équipe chargée de cette formation des hospitaliers et composée, avec lui, d'une Fille de la Sagesse, la sœur Chantal Rabier, et d'un Missionnaire montfortain, le père Bernard Pourthier. Face à la sortie de la gare des chemins de fer (SNCF) de Nantes, les trois amis se retrouvent régulièrement pour travailler dans une atmosphère détendue, autour de bonnes choses, en se racontant quelques histoires drôles. Cette complicité des trois représentants de la Famille montfortaine influe bien entendu ensuite sur le climat fraternel dans lequel se déroulent les week-ends de formation.

Secrétaire du Conseil d'administration de l'Association montfortaine qui organise le grand pèlerinage annuel d'avril, il participe au comité de coordination, à la commission de spiritualité réalisant le livret du pèlerin, et contribue à la revue *Le Règne de Jésus par Marie* qui promeut la spiritualité de saint Louis-Marie.

D'anciens hospitaliers se souviennent des enseignements de Frère Jean, présentant le père de Montfort avant tout « comme un missionnaire qui nous invite toujours à renouveler les promesses de notre baptême ». Jean Bulteau ravive inlassablement l'appel du fondateur, à la suite de saint Paul, nous invitant à vivre en « enfants de lumière » et « dans l'amour » (cf. Ep 5). « Aimer Dieu et aimer les hommes, comme ils sont, de l'amour même de Dieu reçu au baptême : telle est la vie chrétienne, filiale et fraternelle, telle est ma vie de baptisé », résume-t-il dans un petit livre très diffusé qui reprend ses interventions (*Prier 15 jours avec Louis-Marie Grignion de Montfort*, Nouvelle Cité, 2016, p. 67).

Cet amour est concret, et Frère Jean n'a de cesse d'en témoigner auprès des hospitaliers, racontant comment, durant les premières années de sa vie missionnaire, de 1700 à 1706, Montfort a exercé le ministère d'aumônier d'hôpital général à Poitiers et à Paris, « La Salpêtrière ». Il fut même, durant quinze mois, directeur général de l'hôpital général de Poitiers.

Jean Bulteau raconte : « Les hôpitaux généraux avaient été créés dans toutes les villes de France par ordonnance royale en 1662 comme "solution" à l'indigence et au chômage. Leur but était de mettre les pauvres "à l'abri". En fait d'abri, ils étaient enfermés. Ils y trouvaient certes la nourriture et le logis, mais ils y perdaient leur liberté d'aller et de venir. Celui de La Salpêtrière, à Paris, était devenu aussi la prison des femmes, quand Montfort y arriva en avril 1703. On y enfermait également de force des prostituées. »

« Toute sa vie, Montfort accordera à ces malheureux mendiants, enfermés ou non, une place privilégiée dans son ministère, durant ses missions ou en dehors des missions. Qu'il arrive, par exemple, à Paris, à Poitiers, à Angers, à Rennes, à La Rochelle, à Saint-Lô, c'est d'abord vers l'hôpital général qu'il se dirige, et l'on sait que, par ailleurs, il était souvent flanqué d'une troupe de vagabonds. Mais c'est à Poitiers, au début de sa vie sacerdotale, qu'il s'est donné davantage à eux », précise F. Jean, formateur des hospitaliers de Lourdes, soucieux de privilégier les pauvres comme il l'a démontré tout au long de son généralat, en bien des parties du monde.

« Montfort essayait de susciter des relations entre les gens, en les rassemblant – à travers un règlement journalier qu'il avait lui-même établi – pour le lever, le coucher, la prière vocale, le chapelet, les repas, les cantiques, et même l'oraison mentale pour ceux qui le voulaient. Dans l'une de ses lettres, il parle des secours spirituels et matériels qu'il leur apportait. Jamais il n'était plus content que lorsqu'il pouvait… faire leur lit, laver leur linge, balayer les salles et les cours. »

« Il assistait donc bien les malades et les mourants », fait remarquer Jean Bulteau, notant aussi que durant des années Marie-Louise Trichet, la disciple de Louis-Marie, cofondatrice avec lui des Filles de la Sagesse, sera au service des malades, à l'hôpital général de Poitiers, dont Montfort parlait comme d'une « pauvre Babylone »… « Ceux que le monde délaisse doivent vous toucher le plus », répète Jean aux volontaires qui servent les malades à Lourdes, se référant bien sûr à ce qu'a écrit Montfort lui-même dans le cantique 149, composé pour les Filles de la Sagesse.

F. Jean souligne à cet égard le comportement de Montfort envers un lépreux, à Dinan en 1706, citant Besnard, un de ses biographes : « Un soir, passant par la rue, il y trouva un pauvre, lépreux et tout couvert d'ulcères. Il n'attendit point que ce malheureux l'implorât ; il lui parla le premier. Il le prend, le charge sur ses épaules et s'avance ainsi jusqu'à la porte des missionnaires, qui se trouvait fermée, car il était un peu tard. Il frappe en criant à plusieurs reprises : "Ouvrez la porte à Jésus-Christ, ouvrez la porte à Jésus-Christ !" Celui d'entre eux qui la vint ouvrir fut fort surpris de le voir portant ce pauvre ; il entre, chargé de ce précieux fardeau, couche le pauvre dans son lit, le réchauffe le mieux qu'il peut, car il était transi de froid, tandis que lui passe le reste de la nuit en prières. »

« Montfort aime toujours en premier : il fait le premier pas… Dans la personne malade ou pauvre, Montfort voit Jésus-Christ », remarque avec insistance Frère Jean qui continue : « À Dinan par exemple, c'est lui-même qui va vers le lépreux. Comme le dit Jésus dans la parabole du bon Samaritain, c'est la personne dont nous nous faisons proches qui devient notre prochain… Montfort se fait proche de toute personne qui souffre et lui manifeste sa compassion et son amour. Son amour pour les pauvres et les malades n'était pas fait seulement de bonnes paroles, mais c'était un amour concret. Pour lui, accueillir un pauvre malade, à la maison des missionnaires, est tout simplement un comportement évangélique. Et puisque c'est Jésus-Christ, pourquoi ne pas lui offrir son propre lit ? Voilà la logique évangélique, la sagesse montfortaine. »

Les enseignements de Jean Bulteau sur Montfort et les malades puis sur le sens de la croix sont spécialement importants pour ses Frères et pour des centaines de laïcs, hospitaliers ou non. Son mémoire de fin d'études à l'institut Jesus Magister, en 1968, n'avait-il pas pour titre *Le Mystère de la Croix dans les écrits de Montfort* ? Frère Jean, maintenant parvenu dans la dernière phase de sa vie, retourne à la source de sa formation et donne jusqu'au bout ce qu'il a reçu, pendant encore une vingtaine d'années, comme un maître spirituel. Il rappelle que « pour Montfort, celui qui prétend vivre en chrétien doit porter sa croix à la suite de Jésus portant la sienne », puis souligne que saint Louis-Marie avait fondé à Nantes une association dite « Les Amis de la Croix », et que le règlement de vie qu'il leur avait donné tenait dans le commentaire de la parole de Jésus : « Si quelqu'un veut venir à ma suite, qu'il se renie lui-même et prenne sa croix, et qu'il me suive » (Mt 16,24).

« Un champ d'apostolat totalement nouveau »

Lors du 20e anniversaire de l'École de la foi à Fribourg, en 1989, avec fougue, F. Jean appelle à « former des évangélisateurs heureux de l'être, non pas des doctrinaires mais des disciples de quelqu'un, Jésus-Christ, en qui ils ont mis leur foi, toujours préoccupés d'élargir et d'affirmer leur regard sur les hommes et sur le monde, dans la contemplation et l'adoration, afin de voir leurs contemporains dans le mystère même de Dieu, comme Dieu les voit, et de voir, comme disait Jacques Maritain, l'œuvre de Dieu dans le temps et dans l'histoire ». « Vivre de Jésus-Christ et comme lui est la véritable source de libération humaine », lance-t-il, désirant que l'École de la foi soit de plus en plus « une école de la joie de croire, de la fierté chrétienne », qui forme des hommes et des femmes « modelés par la Parole », « prêts à miser totalement sur l'Évangile ».

Dans cet élan, il continue son service pastoral au niveau diocésain, tout en partageant une vie de fraternité, déménageant une nouvelle fois, tout en restant dans la même localité de La Mothe-Achard. Sa nouvelle communauté habite une maison à la campagne, très proche du bourg, à la fois simple et coquette avec sa toiture d'ardoise très soignée.

« Nous sommes quatre Frères. Chacun a sa chambre. Nous disposons d'une grande salle commune, d'une petite cuisine. Nous avons tenu à transformer une pièce en oratoire, avec la présence réelle. Autour de la maison, un Frère entretient une grande pelouse, quelques arbres fruitiers, un jardin et des fleurs. La maison est belle, et nous y sommes bien », écrit-il dans une lettre. Il se détend en semant ou plantant quelques légumes, heureux de les offrir à table.

Le moment du déménagement fut important. « Passer d'une grande maison à une plus petite impose des choix : Que laisser, quoi emporter, puis quelle chambre attribuer à chacun ? Comment meubler les salles communes ? Quelle tapisserie acheter pour la salle de séjour ? Quelle moquette pour la chapelle ? Etc. L'un de nous aurait très vite imposé ses goûts ou ses choix personnels sans suffisamment tenir compte de tous. Un autre aurait tout accepté sans rien dire. Après bien des propositions et des discussions, nous avons fini par tomber fraternellement d'accord », se souvient Jean Bulteau, pour qui faire les choses en unité, en cherchant la concorde, est essentiel, avec « Jésus au milieu », comme disent les Focolari, dont l'esprit évangélique revitalise de plus en plus son appartenance à la congrégation. Dans la communauté, il cherche sans cesse à favoriser la présence du Christ à travers la Parole de Dieu mise en pratique, pour donner chair au Verbe de Vie concrètement aujourd'hui, à la manière de Marie.

La communauté des Frères s'est renouvelée. « À chaque départ et chaque arrivée, c'est une nouvelle communauté qui naît. Les souhaits des uns et des autres sont différents. L'harmonie, expression de l'amour fraternel et de la présence de Jésus parmi nous, est toujours à réinventer », confie-t-il, fidèle à ce que le testament du Christ se réalise : « Que tous soient un » (Jn 17,21). « J'éprouve une grande joie, en continuant à servir la vie religieuse, sous des formes variées, et à partager simplement la vie des Frères, en communauté, à La Mothe-Achard », ajoute-t-il de manière très modeste alors que ses interventions auprès des religieux sont très demandées, parfois à Rome aussi, où il accepte d'aller animer des sessions de formation pour les Frères venant du monde entier. Une de ses joies était de recevoir la visite des Frères missionnaires en congé ; il se souvenait de tout, surtout des personnes, là-bas.

Si l'un des deux mi-temps de F. Jean est le service de sa congrégation, l'autre est tourné vers la formation au niveau du diocèse, « un champ d'apostolat totalement nouveau, nécessitant une sérieuse adaptation », comme il le fait lui-même remarquer. « On me demandait de participer, au sein de l'équipe diocésaine, à la formation permanente des prêtres et des laïcs en charge pastorale. Observer, écouter, apprendre, telle a donc été, et telle demeure encore, ma ligne de conduite », dit-il avec humilité, l'évêque l'ayant chargé de promouvoir ou d'accentuer « la dimension spirituelle tant au plan théologique que pastoral ». « La dimension spirituelle a sans cesse besoin d'être ravivée. Sinon, on fonctionne, on fait beaucoup de choses, parfois jusqu'au surmenage, en risquant d'oublier l'essentiel, la fécondité dans l'Esprit. »

Pour susciter une plus grande communion ecclésiale dans la diversité des statuts, des fonctions et des rôles, il rappelle volontiers que « l'Église locale n'est pas une simple organisation humaine, mais une portion du peuple de Dieu, hiérarchiquement structurée et dotée de multiples charismes, distribués par l'unique Esprit pour le bien de tous, sous la responsabilité pastorale de l'évêque ».

Dans les formations qu'il donne, F. Jean invite prêtres et laïcs à approfondir la dimension mystique de l'Église, qui est une participation différenciée au baptême, à la confirmation, ou à l'ordination. S'appuyant sur la conviction que « l'amour de Dieu a été répandu dans nos cœurs par l'Esprit Saint qui nous a été donné » (Rm 5,5), il base son enseignement sur la nécessité de ne jamais dissocier dans l'Église l'aspect visible et la réalité mystique du Corps du Christ.

« En fait, à travers les occasions qui me sont offertes, j'essaie d'éveiller ou de réveiller en chacun le meilleur de lui-même, en invitant à une réponse plus consciente et plus active à Dieu Amour. C'est à la fois de la formation par un approfondissement de la foi et de l'animation spirituelle par la mise en route sur les chemins toujours nouveaux de 1'Esprit. Les occasions sont diverses : retraites et récollections pour prêtres ou laïcs, journées de réflexion pour les prêtres et les animateurs pastoraux d'un ou de plusieurs secteurs ; après-midi ou soirées sur un thème comme le problème du mal, des rencontres avec des groupes divers sur les relations et la vie d'Église, le travail en équipe auprès de jeunes adultes d'un secteur qui ont abandonné la pratique sacramentelle… », décrit-il dans un courrier exposant son activité à la demande de son Supérieur religieux.

« Au service des prêtres, des laïcs, des religieuses et des religieux, mon obédience m'a placé, dans l'Église, à un carrefour important, à une période où en France l'affaiblissement numérique des uns et les responsabilités croissantes des autres ne doivent pas faire oublier l'identité et la signification propres de chaque vocation au sein du peuple de Dieu », note-t-il avec clairvoyance.

Travailler étroitement dans un diocèse avec des prêtres et des laïcs lui a permis de découvrir la riche diversité des composantes de l'Église locale et la nécessité de promouvoir toujours plus de communion entre les diverses entités paroissiales ou diocésaines. « Un nouveau tissu ecclésial est en train de se constituer peu à peu, discerne-t-il. Je suis conscient de la responsabilité et de la chance qui m'est offerte d'apporter ma modeste contribution à cet immense chantier. Par ma présence, en tant que religieux d'abord, puis en travaillant à susciter chez les acteurs de la vie diocésaine la qualité des relations humaines et spirituelles, enfin en invitant constamment à recentrer les efforts pastoraux sur le Christ, unique Maître et unique Pasteur. »

Dans cet esprit, le synode de Vendée, organisé par le diocèse de Luçon en 2005 et 2006, est un événement auquel il se consacre avec ardeur. Il est dans l'équipe chargée de synthétiser le travail de plus de 2 000 équipes synodales, regroupant chacune une dizaine de personnes qui se sont réunies trois fois. Près de 3 000 enfants et jeunes se sont exprimés au sein de leurs équipes de catéchèse, de mouvements, d'aumônerie de l'enseignement privé ou public. « Cela fait près de 25 000 personnes impliquées. Ce n'est pas rien ! » précise F. Jean dans son rapport.

« L'impression générale, à la lecture des comptes-rendus, est qu'il faut faire quelque chose… sinon les chrétiens, les jeunes en particulier, continueront encore à s'éloigner ! » s'écrie-t-il avec réalisme. « Le constat est simple : ou bien on a découvert la messe et on en vit, ou bien on ne s'y retrouve pas et tout reste à faire ! »

Il fait écho à une demande qui s'exprime avec force et insistance, appelant à « plus de chaleur, de convivialité, de partage et d'échanges, de fraternité, au sein des communautés paroissiales ». Il perçoit, depuis le synode romain, qu'il a vécu vingt ans avant, que la hiérarchie catholique ne peut plus se percher au sommet d'une pyramide, mais seulement tendre à coordonner et à servir la communion, en la facilitant.

F. Jean relève positivement que la vie en Église, grâce aux rencontres qu'elle favorise, aussi bien pour ceux qui s'investissent que pour les bénéficiaires, rend heureux et ouvre aux autres en même temps qu'à Dieu. « Au final, il apparaît très fort que la relation aux autres est vitale, parce qu'elle évite le repli mortifère sur soi et permet de grandir en humanité », constate-t-il, au cœur de cette expérience synodale. Il y apparaît que « nous avons besoin des autres pour croire » puisque « c'est par la rencontre des autres que nous rencontrons Dieu ».

C'est la relation de Dieu avec le monde qui est le centre de gravité de l'Église, et non l'Église elle-même, nous révèle Jean Bulteau, véritable « théologien de l'Esprit » selon Vatican II.

En ce temps de marche synodale qui pourrait s'appliquer à d'autres périodes plus récentes, F. Jean plaide pour laisser faire l'Esprit : « Faisons-Lui confiance, même et surtout si nous ne savons pas encore où Il nous conduit. » L'assemblée du synode et les orientations d'avenir qu'elle produit devront beaucoup au travail de l'ancien Supérieur général, homme de Vatican II, et de la Règle de Vie des Frères, lui qui sait mieux que d'autres « demeurer ouvert et accueillant, comme l'a été Marie, à l'inattendu de l'Esprit à l'œuvre dans nos vies ».

Au fond, l'enseignement fondamental de Jean Bulteau pourrait être synthétisé en une phrase qu'il a ciselée, inspirée de l'encyclique de Paul VI *Ecclesiam suam* : « L'Église doit approfondir la conscience de ce qu'elle est vraiment, selon l'Esprit du Christ. »

« Frère de tous », sous le signe de la croix

Dans les dernières années de sa vie, Jean Bulteau poursuit une démarche qui lui est chère, celle d'éclairer sa position et sa pensée sur le signe évangélique du « chrétien religieux » ou du « religieux-Frère », confronté à une société sécularisée, désacralisée. Il est à la recherche de plus de sens pour incarner l'Évangile, être le levain de l'âme pour la société. Il retrouve le souffle évangélique – « le charisme » – de Montfort, le missionnaire, qui veut aller vers le monde sans perdre son identité. Il désire « inculturer » la foi, en s'enracinant dans l'identité chrétienne et exprime la solution dans la vision de Jean-Paul II qui parle de communion, de spiritualité de communion, spécialement dans *Vita Consecrata* du 25 mars 1996, puis dans *Novo Millennio Ineunte*, au lendemain du Jubilé de l'an 2000.

« Selon la doctrine traditionnelle de l'Église, la "consécration laïque", masculine ou féminine, constitue en soi un état complet de la profession des conseils évangéliques. Elle a donc pour la personne comme pour l'Église une valeur spécifique, indépendante du ministère sacré », dit *Vita Consecrata* (n° 60), ajoutant que « ces religieux sont appelés à être des frères du Christ, profondément unis à Lui, l'aîné d'une multitude de frères (Rm 8,29) ; frères entre eux, dans l'amour mutuel et dans la coopération au même service pour le bien dans l'Église ; frères de chaque homme par le témoignage de la charité du Christ envers tous, spécialement envers les plus petits et les plus nécessiteux ; frères pour une plus grande fraternité dans l'Église ».

Vita Consecrata considère encore que les « religieux-Frères » rappellent efficacement aux religieux-Prêtres eux-mêmes la dimension fondamentale de la fraternité dans le Christ, qu'ils ont à vivre entre eux et avec tout homme et toute femme, et qu'ainsi ils proclament à tous la Parole du Seigneur : « Vous êtes tous frères » (Mt 23,8).

Lors de très nombreuses formations dispensées aux Frères de Saint-Gabriel entre autres, Jean Bulteau se base sur cette exhortation apostolique, *Vita Consecrata*, pour mener une réflexion profonde sur la vocation religieuse laïque dans l'Église ; il y voit un signe d'espérance, au-delà du cléricalisme finissant. N'est-il pas en cela un prophète ?

Un des textes qu'il nous laisse à ce propos, écrit vers la fin de sa vie, sans doute pendant la crise économique mondiale de 2008, pourrait bien être son testament spirituel. « Durant des années, un bon nombre de religieuses et de religieux exerçaient leur mission ecclésiale dans une activité professionnelle, notamment dans le monde de la santé ou de l'éducation. Aujourd'hui, avec le vieillissement et le manque de vocations, cet aspect d'utilité sociale de leur vie a presque disparu. Cela ne les empêche pas de servir autrement, selon leurs possibilités, dans la proximité, le bénévolat, la présence aux personnes seules ou dans le besoin, les mouvements d'Église, etc. », constate-t-il avant de souligner que, « par contre, la vie fraternelle vécue en communauté continue comme avant. Sa valeur de signe évangélique revêt même, de nos jours, une importance grandissante ».

« En effet, poursuit-il, la crise financière actuelle et ses graves conséquences économiques renforcent l'individualisme et la tentation du repli sur soi. Les inégalités sociales persistantes et l'accroissement du chômage sont sources de tensions et d'incertitude face à l'avenir. La cellule familiale est loin d'être aussi stable qu'elle l'était. L'école elle-même connaît la violence entre élèves et éducateurs ou entre jeunes. C'est que les repères moraux et le sens de la vie manquent souvent, de même que le souci du bien commun, de la fraternité et de la solidarité : les élans de générosité périodiques pour la recherche médicale ou les Restos du cœur sont certes remarquables, mais insuffisants. » Il note alors que « dans ce contexte plutôt déprimant, les communautés religieuses sont comme des signes d'espérance ! ». « En s'efforçant simplement de vivre le commandement de Jésus : "Comme je vous ai aimés, aimez-vous les uns les autres", elles montrent que vivre en frères aujourd'hui est toujours possible. Ces personnes – hommes ou femmes – vivant en communauté, demeurent ensemble sous le même toit sans s'être choisies. Elles s'accueillent mutuellement et respectent leurs différences. Elles s'estiment et se font confiance. Elles dialoguent et s'entraident. Elles mettent tout en commun et partagent ressources, activités, soucis, peines, joies. Elles surmontent les tensions inévitables par la franchise de leurs relations habituelles et se pardonnent mutuellement. Et ces personnes sont heureuses ; leur vie a du sens. Jésus n'a-t-il pas dit : "C'est à ce signe que l'on reconnaîtra que vous êtes mes disciples" ? Certes, ce signe est plus facilement perçu par les chrétiens qui côtoient de près religieuses ou religieux. Il n'est pas perçu par tout le monde. Mais qui sait ? »

Ainsi, vivre en frères, en communauté, est peut-être bien le signe d'espérance qu'attend la société d'hyperconsommation, marchandisée, dans laquelle les personnes cherchent désespérément des références humaines ou spirituelles désintéressées et des points d'appui d'amour gratuit.

Cet amour gratuit, F. Jean Bulteau en témoigne autour de lui jusqu'au bout, comme lors de son dernier pèlerinage à Lourdes, en avril 2011, sur le thème de la prière du Notre Père. Ses regards simples et bienveillants, ses sourires et ses clins d'œil, ses encouragements, touchent les volontaires qui l'accompagnent, car il est désormais parmi les personnes malades.

Tourné vers les autres, il n'oublie pas d'entretenir les liens avec sa sœur jumelle, Marie-Josèphe, mère de famille, tandis que leur frère Fernand les a précédés dans le Royaume de Dieu. Il appelle régulièrement au téléphone leur sœur aînée religieuse, Denise Bulteau, qui meurt le 21 octobre 2011, à l'âge de 90 ans, après une vie donnée comme professeure de comptabilité, directrice d'un collège puis responsable des finances dans la congrégation des Sœurs des Sacrés-Cœurs de Mormaison.

« Il avait l'amitié généreuse, proche, chaleureuse et réservée à la fois, ne craignant pas de l'exprimer, ce qui est un signe de liberté intérieure réelle. Oui, Jean était un homme libre », se souvient la sœur Lucienne Favre, religieuse de la Sagesse. Une autre religieuse, qui a été longtemps tentée de rompre son engagement et de partir, souligne comment F. Jean l'a « tenue par le petit doigt » sans la lâcher, l'aidant par son écoute et son amitié à « traverser les tempêtes » et à tenir « sur le chemin de la persévérance », après des années de combat intérieur et de réflexion. « Merci de ne pas avoir lâché mon petit doigt, tu le tiens encore », lui a-t-elle écrit en forme d'hommage, à l'occasion de sa mort.

Avant de mourir, le 14 septembre 2012, en la fête de la sainte Croix, à La Hillière, près de Nantes, F. Jean offre à la kinésithérapeute qui le soigne une image de mère Teresa et son testament où elle dit que Jésus a soif de notre amour. Devant le refus poli de la personne soignante, il n'insiste pas : « Comme vous voulez, c'était simplement pour vous faire plaisir. » Il témoigne de la liberté que Dieu laisse respectueusement à chacun : l'amour ne se prouve pas mais s'éprouve. Une photo sur sa table de nuit – représentant une chrysalide qui devient papillon – exprime bien ce qu'il attend, et sa participation à l'Eucharistie quotidienne le prépare à la grande métamorphose. « Dieu, Dieu, Dieu ! » répète-t-il aux Frères, chaque fois qu'il a reçu l'hostie, force de transformation.

L'enseignement de F. Jean, depuis qu'à son retour de Rome il avait rejoint dans la discrétion La Mothe-Achard, tenait en quelques mots : « Si Dieu est pour moi un Père infiniment bon, ma relation avec lui est alors celle d'un enfant qui accueille son amour et qui lui dit en réponse : Papa, je t'aime. »

Un Frère de Saint-Gabriel, présent au cours des derniers jours de son ancien Supérieur général, rapporte ce qu'il dit à l'heure de passer de ce monde à l'autre : « Je suis dans les bras du Père, tout abandonné. » C'est l'heure de la croix pour lui, cette croix dont il a si bien parlé, fidèle à Montfort qui faisait ériger et vénérer un calvaire à la fin de chaque mission pour entretenir un plus grand amour pour Jésus crucifié. Frère Jean, comme l'apôtre Jean au pied de la Croix, unit cette croix à son unique amour, Jésus crucifié. N'avait-il pas écrit que « les croix bien portées produisent la joie dans l'âme, une joie qui surpasse toutes les autres » ? La joie de l'Esprit saint lui est donnée, comme une source vive jaillissant du côté transpercé du Christ, d'où l'Église et chaque chrétien ne cessent de naître.

Tous gardent de lui le souvenir d'une vie unifiée par cette « sagesse de la croix », une vie donnée, celle d'un artisan d'unité, proche de chacun et heureux de vivre.

Il voyait en toute personne souffrante ou pauvre « la vive image de Jésus-Christ », comme dit Montfort dans ses cantiques. « J'ai compris de Grignion de Montfort la valeur centrale de la croix », avait dit l'amie de Frère Jean, Chiara Lubich, dans son journal, en 1964. À la même époque, dans les années 1960, Jean Bulteau élaborait son travail de jeunesse sur *Le Mystère de la Croix dans les écrits de Montfort*, mystère qu'il a mis en pratique pas à pas sur « le chemin royal de la Croix » par lequel le Christ a « transformé la chair du péché en chair de gloire »…

« Il a été sous nos yeux un reflet de la lumière du Christ », déclare F. Jean Friant, qui fut son bras droit et son successeur immédiat en 1988. « C'est le 14 septembre 2012, en la fête de la Croix glorieuse, qu'il a fait son passage vers le Père, dans la discrétion. La croix était un thème important de sa spiritualité. C'est ce thème et celui des malades qu'il a présentés dans le *Dictionnaire de spiritualité montfortaine* », rappelle Jean Friant, évoquant avec vénération son prédécesseur Jean Bulteau, « un pacificateur », qui « respirait la bonté », « un vecteur d'unité dans tous les groupes auxquels il participait ». Et Mgr Lucien Fruchaud, évêque émérite de Saint-Brieuc, durant l'homélie des obsèques, salue celui qui a vraiment témoigné de « la grandeur de la radicalité du don de soi à la suite du Christ » : « À cause de Jésus et de son Évangile, sûr de son Dieu, confiant dans la Vierge Marie que, du haut de la croix, Jésus nous avait donnée pour mère, aimant chaque année – et aussi longtemps qu'il l'a pu – se rendre dans son grand sanctuaire de Lourdes avec toute la Famille montfortaine, il fut et restera pour tous les Frères de son Institut, pour toute la Famille montfortaine et pour nous tous un grand témoin de la vie religieuse apostolique. »

Six mois avant sa mort, c'est un cardinal ami de l'Œuvre de Marie, le brésilien João Braz de Aviz – aujourd'hui préfet de la Congrégation pour les instituts de vie consacrée –, qui vint présider en 2012 l'ouverture du Chapitre général des Frères de Saint-Gabriel à Rome, les encourageant à « vivre la Parole » pour montrer « le Christ de chair » à toutes les personnes rencontrées. Frère Jean, si attaché au mouvement fondé par Chiara Lubich, a suivi cela de sa chambre d'infirmerie et, peut-être, y a-t-il vu le signe que pour lui tout était désormais accompli.

Fidèle à l'idéal de l'unité jusqu'au bout, Jean Bulteau est réellement devenu père, comme les saints peuvent l'être, car, rempli de Dieu, il a participé à « la divine fécondité de l'Amour », selon l'expression de Chiara Lubich, et nous ne pouvons douter de son intercession actuelle, dans la douce lumière éternelle, à l'intention de ceux qui l'invoquent avec simplicité.

Postface

Saint Césaire est mort, à Arles, en 542. Sa sœur, Césarie, demanda que l'on écrive sa vie. Les saints racontent rarement leur propre vie ; il est heureux que d'autres le fassent. L'action de Dieu en eux doit être recueillie, conservée, honorée par leurs frères, faute de quoi elle serait oubliée.

Je remercie François Vayne d'avoir accepté d'écrire la biographie de Frère Jean Bulteau qui a été pour nous un reflet de la lumière du Christ. François Vayne a pris le temps de lire les écrits de Frère Jean et d'écouter ceux qui l'ont connu.

Il y a d'abord sa **famille** de sang. Elle comptait tellement pour lui ! N'aimait-il pas reprendre la chanson qu'il avait composée à l'occasion de ses 40 ans et à travers laquelle, avec saveur, il décrit sa famille ? Sa sœur jumelle comptait beaucoup pour lui, et, si on oubliait son anniversaire, il disait avec aplomb : « Tiens ! c'est l'anniversaire de ma jumelle aujourd'hui ! »

Il y a aussi ses nombreux **amis** rencontrés à un moment ou l'autre de sa vie. Frère Jean était un homme de cœur, fidèle en amitié. Que d'amis ne s'est-il pas faits au cours des tournées propres au Supérieur qu'il a été et aussi dès l'Algérie où il a été rappelé ! Il fut promu capitaine dans la « réserve ». Le cardinal Poupard le rencontrait souvent par ces mots : « Ah ! le djebel ! »

Et bien sûr, il y a nous, ses **Frères de Saint-Gabriel**. N'a-t-il pas été notre formateur dans la maison des jeunes aspirants à Saint-Laurent (Vendée) de 1952 à 1958, puis de 1962 à 1968 dans les deux scolasticats, celui de La Mothe-Achard (Vendée) transféré à Avrillé (Maine-et-Loire) ? Il a ensuite, de 1968 à 1976, exercé la mission de Supérieur provincial d'abord de l'une des trois provinces de France, celle de Saint-Laurent, puis de l'ensemble de la France. En décembre 1976, il est élu Supérieur général. Il sera réélu en 1982. Il nous a donné l'image d'un Supérieur général simple, proche de chacun, sensible à leurs besoins, et toujours plein d'humour.

Il a laissé de nombreuses lettres à l'ensemble des Frères de l'Institut, où il nous faisait découvrir la beauté de notre vocation de Frère. Peu de temps avant sa mort, il notait encore : « Mes Frères et moi pouvons en témoigner et nous sommes heureux de le dire : l'amour fraternel, don constant de nous-mêmes aux autres, lien véritable de notre communauté, nous donne, jour après jour, une grande joie. C'est vraiment un chemin de bonheur ! Et je ne peux donc, personnellement, que rendre grâce à Dieu de m'avoir appelé à cette magnifique vocation de Frère. »

Il a été aussi, pour nous ses Frères, celui qui a participé à élaborer, à mener à terme et à faire connaître la Règle de Vie, dont la première rédaction date du Chapitre général de 1969-1971. Il était qualifié pour cela, ayant étudié, de 1958 à 1961, à l'institut Jesus Magister de l'université du Latran, en vue d'une licence en sciences religieuses.

En 1989, à la fin de son mandat de Supérieur général, il rejoindra la communauté de La Mothe-Achard, jusqu'à sa venue à l'Ehpad de La Hillière en 2010.

Il a joué un rôle important dans la **Famille montfortaine**. Il a beaucoup contribué personnellement à y développer l'unité, insistant sur « une » et non « trois familles », comme on avait tendance à le dire, à cette époque, en pensant aux trois congrégations montfortaines. À cette Famille il faut intégrer tous les laïcs et instituts séculiers qui s'inspirent de la spiritualité de saint Louis-Marie. Et pour beaucoup, Frère Jean a été leur guide pour découvrir ce grand et saint apôtre. Pour lui, le pèlerinage montfortain à Lourdes était un moment important de chaque année. Il a commencé à y participer en 1977, au titre de Supérieur général.

On ne comprendrait pas bien Frère Jean si on ne parlait pas de la spiritualité de l'unité inspirée par **l'Œuvre de Marie**, plus connue sous le nom de mouvement des Focolari. Très tôt il a participé à des Mariapolis et entraîné beaucoup de Frères à sa suite.

Le 5 septembre 2012, à moins de dix jours de son décès, en la fête de la bienheureuse mère Teresa, il était heureux de montrer la lettre que lui avait écrite mère Teresa, en 1985, à l'intention des Frères.

On ne peut passer sous silence le rôle joué, pendant onze ans, à **l'École de la foi de Fribourg**, avec son fondateur, le père Loew. Il a été président du Conseil de fondation de cette École et s'est beaucoup engagé dans son rayonnement.

Que dire de **ses derniers jours** ? Il savait que le grand passage était proche et, sur son bureau, la photo, montrant la transformation de la chrysalide en papillon, symbolisait ce qu'il allait vivre. Il nous disait avec un sérieux évident : « Ne craignez rien, j'irai jusqu'au bout. » Il ne s'est jamais départi de son humour, même à la veille de sa mort.

C'est le 14 septembre 2012, en la fête de la Croix glorieuse, qu'il a fait son passage vers le Père, dans la discrétion.

Frère Jean respirait la bonté. C'était un pacificateur, un vecteur d'unité dans tous les groupes auxquels il participait. C'était un homme de foi.

Le dernier couplet de la chanson qu'il avait composée pour ses 40 ans décrivait déjà ce vers quoi il allait :

« Je sais un pays sans pareil
Où brille un merveilleux soleil,
Jamais de nuits…
Plus de nuages, plus d'hivers ;
On n'y porte ni pull-overs
Ni parapluies.
Là-bas, plus de calendriers,
Plus de semaines, plus d'années.
Le temps n'est plus !
Non, ce n'est pas un rêve :
Ce merveilleux pays,
Printemps du cœur qui aime,
Éternel Paradis. »

Jean a rejoint cet éternel Paradis mais reste pour nous un guide et un frère !

Frère Jean Friant

Successeur de F. Jean Bulteau en 1988
comme Supérieur général durant deux mandats

Annexes

Annexe 1

Ils ont connu Jean Bulteau : paroles de témoins

« Je pense qu'on se reverra dans la grande lumière. »
Bernard et Gisèle Chareyron

Bernard a été Frère de Saint-Gabriel peu de temps, ayant quitté le scolasticat quand Jean Bulteau en était alors le directeur. Il est décédé en 2019. Son épouse Gisèle témoigne :

« Bernard, dans sa première année de vie religieuse, venait trouver Frère Jean Bulteau, directeur du scolasticat, pour lui dire ses difficultés. Bernard s'étonnait que Frère Jean Bulteau ne lui dise rien sur ce point. Un jour, Bernard vient à nouveau le trouver pour lui dire explicitement : "Je ne peux plus continuer." Jean lui a alors répondu : "Je le savais mais je ne disais rien car je souhaitais que tu fasses ton propre discernement." Frère Jean était très lié à notre famille. Il passait fréquemment nous voir, à rendre jaloux les Frères de la communauté de Boulieu, proche de notre lieu d'habitation dans l'Ardèche. Jean trouvait que ces séjours lui faisaient du bien. Il disait comment il aimait marcher au bord du Rhône en fumant son cigare. Je viens de retrouver ce que Bernard a écrit avant de mourir. Il dit sa reconnaissance profonde à Jean Bulteau. Cette reconnaissance, nous l'avons expérimentée en couple. Il relève aussi son souci de notre parcours de vie. Nos filles m'ont dit que pour elles c'était sa simplicité, son écoute mais aussi sa sagesse qui comptaient. Jean avait une grande profondeur spirituelle : je me souviens des soirées de partage sur Marie, la Résurrection, etc. Sa délicatesse, son humour, sa dévotion à Marie nous ont accompagnés. Je me souviens de notre visite à La Hillière quand il était en fin de vie, il était fatigué mais en se quittant il nous dit : "Je pense qu'on se reverra dans la grande lumière mais ne vous en faites pas, j'irai jusqu'au bout." Toute la famille a été marquée par sa simplicité et sa profondeur spirituelle. »

« J'ai reçu beaucoup de lumière de sa part. »
Marie-José de Massol,
participante à un pèlerinage à Lourdes en 2011

« J'ai rencontré Jean Bulteau au pèlerinage montfortain à Lourdes, du 10 au 16 avril 2011. Hospitalière, responsable de salle, j'organise le service des hospitalières auprès des pèlerins malades pour plusieurs chambres. Nous étions au deuxième étage de l'Accueil Notre-Dame. Frère Jean Bulteau était pèlerin malade dans l'une de ces chambres. Je ne me souviens pas d'avoir parlé avec lui ou très peu. En revanche, j'ai reçu beaucoup de lumière de sa part ; des regards simples et bienveillants, des sourires et sans doute des clins d'œil (ou "clins Dieu"), des encouragements, et surtout une prière que je garde précieusement. Il me l'a offerte à la fin de la veillée festive, le mardi 12 avril 2011. C'est une petite image. Au recto, une photo de deux mains jointes d'enfant dans deux mains jointes d'adulte avec le thème du pèlerinage 2011 : "Notre Père". Au verso, la prière écrite par lui : Marie, toi qui as toujours dit "oui", à la suite de Jésus, apprends-nous (apprends-moi) à dire : "Père, non pas ce que je veux, mais ce que tu veux pour que ton Règne vienne." Je me rends compte de la chance d'avoir rencontré Frère Jean Bulteau et du trésor de cette prière dans mon cœur. Je le remercie encore. »

« Sa photo-souvenir est sur mon bureau à Rome. »
Frère Jean-Paul Mbengue,
Assistant général (Sénégal)

« J'ai vu Jean Bulteau en personne, pour la première fois, en 1977 ou un peu avant. J'étais alors un juvéniste au collège de Thiès, au Sénégal. Devenu Frère plus tard, j'ai eu le bonheur de le revoir plus d'une fois, surtout pendant mon séjour d'étudiant à Angers, en France, de 1988 à 1992. Entre parents et confrères défunts, il est l'une des six personnes dont la photo-souvenir est sur mon bureau. Pour autant, je n'ai pas la prétention de connaître Jean. Et si je témoigne volontiers sur lui, c'est parce que je fais partie de ceux, nombreux, je n'en doute pas un instant, qui appréciaient chez lui le sens de l'humour, une qualité ô combien importante dans les relations humaines, un atout de taille dans le service de l'autorité. Pour avoir été douze années à la tête de la congrégation des Frères de Saint-Gabriel et continuer de faire parler de lui en bien, aujourd'hui encore, il a dû être un grand rassembleur, et à cet effet l'humour fut pour lui une porte d'entrée, une arme de l'amour. D'un esprit vif, Frère Jean n'était pas à court de petites histoires et de jeux de mots, ce qui, en plus de son aspect extérieur, le rendait encore plus abordable, “tout simplement frère”. Ils ne devaient pas être nombreux ceux qui redoutaient sa présence. Au contraire ! Merci, Frère Jean, pour le bel exemple de simplicité et de fraternité que tu nous as laissé. »

« Il répondait avec cohérence à tous. »
Frère Faustino Besa Gil,
Supérieur provincial d'Espagne

« Je voudrais me souvenir du Frère Jean Bulteau pour remercier Dieu de sa façon d'être, amicale et joviale. Ce fut une grâce de le connaître et de passer quelques jours avec lui pendant l'été, lorsque ses obligations lui permettaient de venir dans notre maison-communauté de La Aguilera (Burgos) en Espagne. Il était affable avec chacun d'entre nous et, parce qu'il parlait avec le cœur, il pouvait se faire comprendre dans n'importe quelle langue. Le Frère réjouissait son monde avec des blagues et riait toujours, même de sa propre ombre. Je n'oublie pas les conseils qu'il m'a donnés lorsque je me préparais à servir comme prêtre dans notre communauté provinciale gabriéliste : agir en accord avec le supérieur, et non selon sa propre opinion ; respecter notre condition ecclésiale de congrégation laïque, être prêt à aider l'Église locale sans faire preuve de compétences liturgiques ou de formes de participation qui nous sont étrangères, se préparer sérieusement à la pastorale sacramentelle. J'ai eu le privilège de l'écouter donner une conférence à des religieux à Castel Gandolfo, sur la spiritualité de l'unité en relation avec la dévotion à Marie, juste après avoir écouté la promotrice de ce charisme, Chiara Lubich. Ce qui m'a le plus frappé chez notre confrère, c'est sa conviction d'être un Frère dans l'Église. Lorsque j'ai lu son article, publié dans la revue *Unité et Charismes* sous le titre "Frère, tout simplement", j'ai été certain qu'il le vivait vraiment. À partir de son expérience de religieux-Frère de Saint-Gabriel, il montrait qu'il vivait une vocation de réalisation totale en tant que personne et en tant que consacré. Tout simplement, un Frère très heureux dans sa position, qui répondait avec une cohérence admirable aux laïcs et aux ecclésiastiques qui l'interrogeaient, étonnés, leur suggérant un travail apostolique plus efficace. F. Jean Bulteau se montrait humble, sans prétention, répondant avec joie à l'appel à la fraternité qu'il a ressenti depuis son enfance. Il l'a mis en œuvre en se consacrant sans réserve à la mission éducative des Frères. Je le remercie du fond du cœur, car son exemple est pour nous une référence providentielle. »

« Avec la même dévotion qu'envers une relique. »
Frère Ángel Llana Obeso,
La Aguilera (Espagne)

« Le Seigneur m'a accordé la grâce de rencontrer Jean Bulteau pour la première fois lorsqu'il est venu en Espagne pour participer aux sessions du Chapitre provincial de 1978. Il était simple, proche, fraternel, drôle et, dans son temps libre, il ajoutait une touche d'humour avec ses blagues et ses chansons (en français, bien sûr, car il ne parlait pas l'espagnol, bien qu'il le comprenait très bien). Il s'attachait à tout le monde, et n'importe quel Frère pouvait l'approcher sans protocole pour lui parler. Il avait une grande capacité d'écoute et une empathie particulière pour les sentiments de chaque Frère. Malgré son statut de Supérieur général, il était très humain, appréciant les petits plaisirs de la vie, comme tout mortel : la cuisine espagnole, le bon vin du Duero… Son penchant pour le cigare après les repas et pour la sieste était proverbial parmi nous. Lors des séances du Chapitre, F. Jean était toujours calme, tranquille, posé et savait apporter calme et sérénité à l'assemblée par ses sages interventions. Il ne s'est jamais fâché. Il écoutait attentivement et patiemment, puis il intervenait, exerçant une modération sage et efficace, nous guidant d'une main douce mais ferme. Je considère qu'il était une personne très ouverte d'esprit… Je n'ai jamais entendu de sa part un commentaire de désaccord ou de rejet sur le sujet du sacerdoce parmi les Frères. Il a toujours respecté les décisions prises dans la province, sans le moindre commentaire négatif… Je me suis toujours senti particulièrement attaché au F. Jean Bulteau et j'ai gardé de lui un souvenir particulier, de reconnaissance et de gratitude, d'une part, à cause de son témoignage de vie et, d'autre part, parce que c'est de lui que j'ai reçu l'acceptation pour le service dans l'Institut comme Frère-prêtre. Je garde avec la même dévotion qu'envers une relique la lettre qu'il m'a envoyée le 22 octobre 1982, me donnant des indications pour accomplir au mieux ce service de mes Frères et de la mission de la congrégation. Cette lettre m'a toujours accompagné et je l'ai toujours considérée, sans en dévier, comme un phare de référence dans l'exercice de mon service de Frère-prêtre. Avec le recul du temps, je peux dire aujourd'hui que, dans ce service, je suis le pur produit du moule marial de Frère Jean Bulteau. Qui l'aurait imaginé il y a quarante ans ! Mais telles sont les choses de Dieu. »

« Jean Bulteau me réchauffait le cœur. » Frère Pierre Dufief (France)

Deux mois avant de décéder en septembre 2021, Frère Pierre Dufief – un Frère de travail manuel, parmi les Frères enseignants – se souvenait d'une formation où il avait été heureux de rencontrer Jean Bulteau.

« Je suis né en 1931 et Frère Jean en 1930. Je suis intéressé par cette biographie de Frère Jean, non pour la lire car je serai rendu au paradis quand elle paraîtra, mais pour dire combien la session de 1999 avec lui, à Rome, a été un grand moment dans ma vie religieuse. Je passe souvent un temps avec les notes que j'ai conservées et que j'ai là dans mes mains, dans ce dossier. Je suis un Frère de services. J'ai été cordonnier cinq ans et j'ai travaillé à des tâches manuelles au jardin pour les légumes, les fruits et les fleurs. Sur cette session, ce serait si bon d'en dire seulement quelques bribes. Il y avait vingt Frères venant de cinq pays ; et c'était F. Pierre Tremblais qui coordonnait le plan d'ensemble. Il y avait trois étapes : "sur les pas de Montfort" en France, puis le pèlerinage en Terre sainte, et finalement une session à Rome sur la vie religieuse. L'annonce de la session finale disait : "La session sera animée par F. Jean Bulteau, ancien Supérieur général, autour des deux thèmes suivants : d'abord notre vie religieuse dans l'Église peuple de Dieu, en référence aux grands textes du concile Vatican II et de *Vita Consecrata* de

Jean-Paul II, et puis notre vie religieuse de Frères de Saint-Gabriel, en référence à la Règle de Vie." Je ne me souviens pas de tout ce que Frère Jean disait. Je me souviens de sa conviction et de son enthousiasme tranquille dans un regard qui voit loin. Cela me réchauffait le cœur. Construire une Église où tous vont à la rencontre des besoins nouveaux. S'adapter avec la force que l'Esprit nous donne, c'est-à-dire à travers le charisme de l'Institut, celui du fondateur. Nous avons le bonheur d'avoir un fondateur entièrement tourné vers une mission apostolique, dont la devise "Dieu seul" est si éclairante avec les expressions que nous connaissons : "*Totus tuus*" et "À Jésus par Marie". J'ai saisi la nouveauté du document de Jean-Paul II *Vita Consecrata* comme une force qui ne nous oriente pas d'abord vers notre perfection morale. Nous avons entendu dans l'enseignement de F. Jean un encouragement à vivre plus en communion avec notre propre communauté animée par l'Esprit, notre moteur d'amour divin. Il insistait sur l'esprit plus fraternel pour accomplir nos tâches, notre mission selon notre charisme montfortain. »

« Cela vaut la peine de vivre pour les autres. » Échanges entre les Frères Jean Bulteau et Anselm (Inde)

Les quatre extraits de lettres qui suivent proviennent des seuls courriers conservés par F. Jean des échanges (en anglais) entre F. Anselm, de l'Inde, et lui-même.

Nous y trouvons des informations pleines d'intérêt sur la qualité des relations existant entre eux au long des années. Le F. Anselm (1933-2013) a été Provincial des Frères de l'Inde du Sud de 1975 à 1980. Puis, il a été directeur du collège Campion à Trichy (Tamil Nadu) de 1980 à 1986. Par la suite, ce Frère est allé en mission à Fidji et y a dirigé un collège de 1987 à 1996.

La Mothe-Achard, le 27 septembre 2006

« Mon très cher Frère Anselm et très cher ami. Je me souviens avec grand plaisir de mes visites chez mes Frères en Inde ou aux îles Fidji, il y a vingt ou vingt-cinq ans déjà... Pour moi, la vie se déroule normalement et, jour après jour, je vieillis !... mais je suis toujours en vie et je me porte bien grâce à Dieu... Il y a toujours quelque chose à faire pour le Royaume de Dieu. J'aide quelques groupes dans notre paroisse. [...] J'ai tant d'occasions d'aimer et de servir comme le demande Jésus dans l'Évangile. Dormir suffisamment est aussi important pour moi... J'essaie de faire de mon mieux... »

La Mothe-Achard, le 28 mars 2008

« Mon très cher Frère Anselm, merci beaucoup pour ton aimable lettre... Joyeuses Pâques à toi... Je me souviens très bien du voyage en bateau de Muttom vers un rivage plus calme..., et aussi du voyage au Kerala et du merveilleux accueil dans ta famille, et puis de la visite à Fidji, etc. Merci pour toutes ces journées heureuses et conviviales. Après avoir vécu douze ans avec F. Antony

Francisco, je ne l'oublierai jamais… Sans sa collaboration amicale et ses conseils avisés, je ne suis pas sûr que j'aurais pu accomplir ma mission de Supérieur général, particulièrement dans les provinces d'Asie. […] De mon côté, je me porte bien. Je travaille beaucoup pour le pèlerinage montfortain à Lourdes et, dans deux semaines, je participerai au prochain pèlerinage. […] Parfois je me sens fatigué mais c'est tout à fait normal à 78 ans ! Transmets mes meilleures salutations à tous les Frères de Yercaud, tout spécialement au F. Lawrence et à ceux qui me connaissent. Bien affectueusement. »

Yercaud (Inde), le 25 novembre 2010

« Mon très cher Frère Jean, nos Frères sont pleins de vie aujourd'hui et, nous, nous nous souvenons de ces jours passionnants au service de Dieu et de son peuple. Le F. Antony Francisco et le F. Selvanathan étaient les deux autres compagnons de cette fameuse sortie en bateau ! J'ai eu la joie de visiter avec vous la province du sud de l'Inde et c'était alors très émouvant… Merci d'être venu, voyez comment vous avez appris quelques mots de la langue tamoule ! Vous avez été d'un grand soutien, et grâce à vos encouragements, les provinces de l'Inde sont devenues plus dynamiques. Vous êtes une inspiration pour moi et je remercie Dieu pour le don que vous êtes pour la congrégation… »

De Yercaud, le 19 mai 2011

« Frère Jean, salutations fraternelles affectueuses à vous. J'espère que vous vous portez bien. Vous faites partie de ceux qui sont proches de moi dans mes pensées et mes prières. Je pense souvent aux Frères avec qui j'ai eu le privilège de vivre et de travailler pour le Seigneur et son peuple en tant que membre de cette famille religieuse. En tant que Supérieur général, vous avez été si solidaire et pleinement humain dans toutes vos relations et j'admire votre sollicitude et votre intérêt pour les Frères. La province d'alors du sud de l'Inde est aujourd'hui partagée en province de Yercaud, province de Trichy et province du Nord-Est. La province de Yercaud compte de très nombreux Frères aînés et nous n'avons pas assez de Frères pour gérer les institutions florissantes. Pendant ma période de Supérieur provincial, ce fut une période d'expansion. C'est à mon époque, avec l'approbation du Supérieur général, que nous avons ouvert nos institutions au Mizoram et à Fidji. J'ai eu le privilège d'envoyer nos Frères comme missionnaires dans ces territoires ; puis, ce fut à mon tour d'être missionnaire à Fidji au collège Xavier, pendant dix ans. Cela vaut la peine de vivre pour les autres. Tous nos Frères en Inde se portent bien. Merci pour tout. »

« Il a été un guide. »
Frère Lawrence Joseph (Inde)

Frère Lawrence Joseph a écrit ce témoignage en juin 2021 à Bangalore en Inde. Il est né en 1935 et a été assistant-vicaire de F. Jean Friant, lequel a succédé au F. Jean Bulteau à la fin de son généralat en 1988.

« J'ai participé à un Séminaire montfortain international qui s'est tenu près d'Angers en France, en 1971. J'ai été heureux de rencontrer F. Jean Bulteau. J'étais membre du Chapitre général en décembre 1976, quand il a été élu Supérieur général. Durant les douze ans de son généralat, il a visité plusieurs fois la province de l'Inde du Sud. J'ai été Supérieur provincial pendant neuf ans, de 1980 à 1989. Il a été un guide pour moi et m'a soutenu. Il a visité ma maison familiale au Kerala. J'ai vécu aussi une journée de détente avec lui dans sa famille en France. Les lettres circulaires de Jean Bulteau étaient bien préparées et documentées… Les Frères les attendaient avec impatience. C'était une personne abordable et un bon religieux. Il était très humain. Il était plein d'humour et il s'entendait très cordialement avec les Frères. Je me souviens très bien de ses visites dans la province de l'Inde du Sud et de nos longs voyages en voiture. Il était en effet un compagnon jovial. »

« Auprès de lui j'ai ressenti toute l'affection du Père céleste qui se reportait sur moi, pauvre pécheur. »
Frère Roger Bourcier (France)

« Jean avait le souci de renouveler la vie religieuse. Il la concevait très humaine, très belle. Il voulait lui rendre sa dignité considérée comme un mariage d'amour vrai avec des Frères vivant de la présence aimante et réelle du Christ, agissant grâce à l'unité en son nom.

Jean aimait les écrits de Chiara Lubich. Il voulait les faire connaître et les faire vivre. C'est pourquoi il avait lancé *Unité et Charismes* en français, en traduisant les écrits italiens de Chiara Lubich. Dans une retraite à Saint-Pierre-de-Chartreuse au *focolare* féminin, Jean, sûr de la présence de Jésus au milieu des participants réunis au nom de Jésus, cherchait à proposer à quelqu'un de prendre en main la mise en page et le secrétariat de la revue *Unité et Charismes* qu'il ne pouvait plus assumer. Je me proposai, sûr que Dieu agirait et m'aiderait à acquérir les rudiments de cette mission afin que les bienfaits des écrits de Chiara continuent de se propager selon le désir de Jean, considéré désir de Dieu. Pour terminer. Peu de jours avant son décès, je l'ai visité. Il était comme un Jésus abandonné dans les bras de son Père. D'ailleurs, il me le disait : "Je suis dans les bras du Père, tout abandonné." À ce moment, auprès de lui, j'ai ressenti toute l'affection du Père céleste qui se reportait sur moi, pauvre pécheur. »

« Il portait un regard attentif sur tout ce qui se vivait dans l'Église et dans le monde. »

Frères Yves Ladouceur
et René Delorme (Canada)

Frères Yves Ladouceur, ex-Supérieur provincial du Canada, et René Delorme, ex-Supérieur général canadien

« La première fois que nous avons rencontré F. Jean Bulteau, il participait, à titre de Supérieur provincial de France, au deuxième Conseil d'institut, tenu au Canada en 1974. D'emblée, nous avons été impressionnés par la joie de vivre et la simplicité de cet homme. Par la suite, nous avons eu le bonheur de le revoir à plusieurs reprises alors qu'il était Supérieur général de la congrégation. Nous avons apprécié ses visites aux deux provinces canadiennes, celle de Montréal et celle de Champlain, et nous avons bénéficié de ses réflexions lors d'une session pour formateurs et animateurs vocationnels, tenue en France, en 1980. Dans les années 1980, F. Jean a été invité par les provinces canadiennes pour animer la retraite annuelle des Frères. Le thème de cette retraite portait sur la nouvelle Règle de Vie approuvée en 1986. Il la connaissait sur le bout des doigts. Au cours de ses entretiens, il nous a fait découvrir et apprécier toute la valeur de cette Règle empreinte de réalisme et de dynamisme, insistant sur notre responsabilité de la mettre en pratique dans le quotidien de nos vies. C'est à l'occasion des Chapitres généraux de 1995, 2000 et 2006 que nous l'avons côtoyé plus longuement. Pendant quelques semaines, nous avons travaillé ensemble à titre de représentants des divers pays où les Frères de Saint-Gabriel sont présents. Au cours de ces Chapitres, nous avons eu maintes fois l'occasion d'apprécier la profondeur de sa pensée, son amour de la congrégation, son sens fraternel, l'intérêt qu'il portait à chaque personne, son sens de l'humour et sa facilité de communication. Nous venons de relire quelques-unes de ses lettres circulaires aux Frères. Elles étaient fort appréciées, et suscitaient l'intérêt des lecteurs. F. Jean y donnait des nouvelles de notre congrégation ainsi que des deux autres congrégations de la Famille montfortaine : les Filles de la Sagesse et les Missionnaires montfortains. Il portait un regard attentif sur tout ce qui se vivait dans l'Église et dans le monde, et il nous invitait à une vie religieuse toujours plus fidèle et engagée. Nous gardons un heureux souvenir de F. Jean Bulteau. Nous nous souvenons que les Frères l'aimaient bien. L'accueillir chez nous, au Canada, était une joie, partagée par les Frères qui appréciaient sa présence, en particulier dans l'ambiance fraternelle de nos communautés locales. Nous rendons grâces au Seigneur pour la présence et les engagements du F. Jean au sein de la Famille montfortaine, en particulier de la congrégation des Frères de Saint-Gabriel. Son témoignage de vie nous invite à vivre pleinement notre vocation au service de ceux et celles que le Seigneur met sur nos routes. »

« Tu as été un ami, un père, un guide, un maître, un frère tout simplement ! »
Frère Jean Friant (France)

Frère Jean Friant, qui succéda à F. Jean comme Supérieur général, a tout appris de lui dès son adolescence. Il exprime ici un « immense merci » au nom des Frères de Saint-Gabriel qui, nombreux, considèrent Jean Bulteau comme un exemple de vie religieuse et, plus simplement, de vie chrétienne.

« Jean, tu as été très présent dans ma vie. Tu fus mon maître ! Tu l'as été dès septembre 1952, tu avais 22 ans, j'en avais 14, à Saint-Laurent-sur-Sèvre, en classe de 3e. Ce fut de courte durée car dès la mi-novembre tu nous quittais pour le service militaire. Celui-ci fini, tu nous revins, à Pâques 1954, et seras à nouveau mon professeur jusqu'en juin 1955.

Quand j'arrive, comme enseignant, dans ce même établissement, en 1958, tu viens de le quitter pour quatre années d'études religieuses à Rome. Quatre années qui vont changer ta mission car tu deviendras formateur et responsable de la vie religieuse. Tu n'auras exercé la mission enseignante, traditionnelle pour un Frère de Saint-Gabriel, que six ans.

Nous aurons l'occasion de vivre dans la même communauté par trois fois. La première fois, ce sera, à partir de 1965, au scolasticat qui cette année-là se déplace dans des bâtiments neufs, proches d'Angers, à la Garde, à Avrillé.

Tu partageais la vie des jeunes Frères, en particulier sur le plan sportif. Ne nous as-tu pas fait découvrir le rugby ? Je me souviens aussi comment, à sa demande, tu aideras le Frère Albert, en charge du réfectoire et qui venait enfin de recevoir de l'État français une reconnaissance pour sa participation à la guerre de 14-18. Pour la remise de sa décoration, tu lui avais préparé un discours qui se terminait par ces mots chargés d'humour : "Je n'étais qu'un soldat inconnu ; vous m'avez dressé un arc de triomphe ; il ne me restera plus qu'à rallumer la flamme du souvenir !"

J'ai apprécié ton attention en venant me chercher à la gare d'Angers, le lundi soir, quand je revenais d'études universitaires à Paris. Et comme tu avais toujours faim, tu n'hésitais pas à partager le dîner avec moi, alors même que tu en avais pris un autre, quelque temps auparavant.

En 1968, tu es nommé responsable des Frères de la province de Saint-Laurent. Tu n'as que 38 ans ! J'observe, parmi les seize provinciaux actuellement en exercice, que le plus jeune lors de sa nomination avait 45 ans. Cela dit bien toute la confiance que les Frères de France et les supérieurs de Rome mettaient en toi. Et en 1976, je participe à mon premier Chapitre général, celui qui te nomme Supérieur général de la congrégation. Tu as 46 ans. C'est pour moi une grande joie et une fierté.

C'est à ce titre de Supérieur général que tu m'annonces, un peu avant Pâques 1977, que j'ai été choisi pour être responsable des Frères de la province de Nantes. Je dois avouer que cette charge m'était difficile à accepter car je venais de fonder un institut de mathématiques appliquées et j'estimais qu'il avait encore besoin de mes services. Par ailleurs, mes attaches étaient nombreuses dans ce milieu d'étudiants et de chercheurs en mathématiques. J'ai admiré ton respect de ma liberté ; pas un mot pour forcer ma décision ! Mais tu m'éclaires, me disant notamment que, suite à la consultation des Frères de la province, mon refus, toujours possible, vous amènerait à renommer le Frère ayant occupé le poste depuis déjà douze ans. Et c'est dans ce contexte, après avoir pris le temps du discernement et de la prière, que je t'ai dit oui. Je te remercie de ta grande délicatesse. Je pense que beaucoup d'autres personnes peuvent témoigner du rôle que tu as joué dans leur vie lors d'un choix décisif. Tu as su les accompagner mais toujours dans un grand respect de leur liberté.

Comme Supérieur général, tu es tout particulièrement proche des provinciaux. Je me sens soutenu par toi. Tu me proposes de passer trois mois à Rome en vue de me préparer à ma nouvelle mission.

Comme Provincial, ce qui m'a le plus marqué, c'est le voyage effectué dans les provinces d'Asie au début de l'année 1978. À l'occasion du 75e anniversaire de l'arrivée des Frères en Inde en 1903, tu organises la première rencontre de tous les Provinciaux sur ce continent. En effet, dès le début de ton généralat, tu as pris conscience de l'importance que ce continent allait prendre dans notre famille gabriéliste. Les Frères indiens ne passeront-ils pas de 260 à plus de 360, au cours des douze ans de ton généralat ? Nous avons visité les trois provinces de l'Inde de l'époque (il y en a aujourd'hui huit !) et celles de Thaïlande et de Malaisie-Singapour. Ce voyage en Asie fut pour nous une ouverture extraordinaire sur ce monde gabriéliste peu connu par les Frères des autres continents. Cela jouera un rôle de première importance pour créer entre nous une fraternité élargie. J'ai découvert comment tu étais à l'aise dans ce milieu culturel très différent du nôtre, malgré les difficultés linguistiques. Dans notre ferme, au sud de l'Inde, où l'on cultivait du café, les employées, habillées de leur plus beau sari, viendront te présenter leurs nombreux enfants pour que tu les bénisses. Tu le fais avec beaucoup de joie et de simplicité.

Bien sûr, la période qui va le plus nous rapprocher concerne ton deuxième mandat comme Supérieur général car je deviendrai l'un de tes quatre Assistants. Tu seras l'âme de cette équipe de cinq Frères appelés à animer et administrer l'ensemble de l'Institut. Un Frère singapourien, imitant ton humour, parlera de "cinq-gars-pour-rien".

Pendant ces six années, nous nous sommes beaucoup retrouvés autour de toi pour voir et revoir le texte de notre Règle voté par le Chapitre général de 1983 et qui devait être approuvé par l'Église. Du fait du nouveau *Code de droit canonique*, sorti après le Chapitre, les modifications demandées seront nombreuses. Ce n'est qu'en 1986 que nous aurons la joie d'avoir un texte officiellement approuvé, le 28 avril, en la fête de notre fondateur saint Louis-Marie Grignion de Montfort.

Tu m'inviteras à t'accompagner à des rencontres de religieux du mouvement des Focolari se réunissant à

Castel Gandolfo. Ce sera l'occasion de voir et d'écouter Chiara Lubich.

Tu m'aideras encore à faire un discernement. En février 1986, Mgr Orchampt, évêque d'Angers, m'informe que les évêques de l'Ouest responsables de l'Université catholique de l'Ouest m'ont nommé recteur. Tu es en visite en Thaïlande. Je suis intéressé par le poste, mais je ne puis prendre la décision sans que nous en ayons discuté. Les moyens de communication d'alors ne sont pas ceux d'aujourd'hui. Mgr Orchampt, avec l'aide d'un interprète en anglais, essaie de te joindre, en téléphonant à la maison provinciale de Bangkok, mais la secrétaire du provincial ne comprend que le thaïlandais. Je dois attendre ton retour à Rome. Et là, j'admire comment tu me laisses la liberté totale du choix. Tu me permets de prendre du recul et de grandir en liberté. J'annonce à Mgr Orchampt mon refus, trois semaines après son appel.

Enfin, nous allons nous retrouver, pour la troisième fois dans la même communauté, lors de tes deux dernières années terrestres, à notre Ehpad situé près de Nantes ; une résidence de quarante Frères vivants avec autant de laïcs. J'y vis là comme responsable de la communauté des Frères.

Nous aimerons nous retrouver devant la télévision pour suivre quelques matchs : de foot, de tennis, mais surtout de rugby, ce sport que tu nous avais fait découvrir quarante-cinq ans plus tôt au scolasticat. Un religieux cistercien, hébergé dans l'unité des désorientés, se joignait souvent à nous et nous amusait répétant que ce sport manquait de délicatesse et s'étonnait que des femmes jouent à ce sport.

Tu viendras prendre une semaine de repos dans notre communauté de Loctudy, toujours branché sur ta bouteille d'oxygène. Tu prendras même un repas dans ma maison maternelle. Tu nous diras alors "Je me sens bien" et tu iras de tes chansons, dont celle du muscadet : "Quand tout va, pour le mieux, entre amis, ça s'arrose. On s'envoie gentiment un bon gros-plant ! Quand il faut oublier les jours qui sont moins roses, un p'tit coup d'muscadet, ça vous rend gai…"

Je ne dirai rien ici de tes dernières semaines car cela a été très bien dit par ailleurs. Comme à beaucoup de Frères de cette communauté de l'Ehpad, tu me feras découvrir alors le testament spirituel de mère Teresa.

Jean, tu as été pour moi un ami, un père, un guide, un maître, un frère… tout simplement ! Un immense merci ! »

Pour clore ce bouquet de témoignages, voici un extrait du message de mère Teresa pour les Frères de Saint-Gabriel, message écrit à la demande de F. Jean en décembre 1985 lors du synode où ils étaient tous les deux voisins :

Chers Frères,

Soyons uniquement et totalement à Jésus par Marie, sa Mère et la nôtre.

Afin de pouvoir être tout à Jésus, il nous faut avoir une profonde vie de prière, car Dieu parle dans le silence de notre cœur et nous parlons à Dieu du profond de notre cœur : c'est cela la prière. Le fruit de cette prière est l'approfondissement de la foi, le fruit de la foi est l'amour et le fruit de l'amour est le service. Les œuvres de l'amour sont des œuvres de Paix…

Mère Teresa,
missionnaire de la Charité

Annexe 2

Repères sur l'histoire des Frères de Saint-Gabriel

Ces repères permettent de suivre l'évolution de l'Institut des Frères sur plus de trois siècles. Ils aident à mieux comprendre certaines étapes difficiles et le renouveau des relations entre les congrégations fondées par saint Louis-Marie de Montfort.

✦ Les Frères de Saint-Gabriel sont en 2022 plus de 1 200 (novices inclus) dans une trentaine de pays, animant des œuvres diverses destinées aux jeunes du primaire jusqu'à l'université ainsi que des œuvres éducatives destinées aux plus déshérités dont les déficients sensoriels, sur les cinq continents.

Une longue période de fondation et de refondation de 1705 à 1841.

✦ Louis-Marie Grignion de Montfort, prêtre et missionnaire itinérant dans l'ouest de la France, né au XVIIe siècle en 1673, meurt en 1716, à la fin de la mission à Saint-Laurent-sur-Sèvre en Vendée, à l'âge de 43 ans. Il avait fondé une petite congrégation d'hommes qui compte alors quatre religieux-Frères liés à lui, dans l'obéissance et la pauvreté, et trois laïcs sans vœux ; deux prêtres s'ajouteront à eux, en 1722. Il avait aussi fondé, avec Marie-Louise Trichet, les Filles de la Sagesse.

✦ À Saint-Laurent, en 1722, à l'initiative de Marie-Louise Trichet, les Pères et les Frères sont rassemblés dans le même lieu. Durant les premières décennies, ils sont une vingtaine et forment à partir de 1773 une association de missionnaires appelée la « Communauté du Saint-Esprit ». Les Frères sont plutôt chargés de l'enseignement en privilégiant les enfants pauvres, d'autres sont précieux pour les travaux manuels.

✦ Les Frères de Saint-Gabriel ont saint Louis-Marie de Montfort pour premier fondateur et ils ont été refondés par le père Gabriel Deshayes, après la Révolution française. L'action de celui-ci, ancien Vicaire général du diocèse de Vannes, qui est devenu montfortain puis a été élu Supérieur général (1821-1841) de ce groupe missionnaire, est décisive. Il disait lui-même : « En multipliant les Frères, je ne fais que répondre au désir de Monsieur de Montfort. »

Saint Louis-Marie de Montfort a semé par ses écrits spirituels et ses missions ; et avec ses collaborateurs, il a lancé quelques écoles. Le père Deshayes a replanté. Il a pris en main l'héritage montfortain constitué de congrégations fragilisées par la Révolution française : les Filles de la Sagesse et les Pères et Frères, dits à l'époque « du Saint-Esprit ». Il les relance, les développe et les structure par des Règles et des vœux, par la reprise des missions et retraites, et par de nouvelles orientations apostoliques des Sœurs et des Frères en faveur des sourds-muets.

✦ L'Institut est reconnu par une ordonnance de Paris en 1823 pour cinq départements sous le nom de Frères de l'instruction chrétienne du Saint-Esprit. Par la suite, le Frère Augustin (leur premier Supérieur général, élu en 1842) entreprend des démarches pour une extension à toute la France. Cette démarche aboutit et, par un décret du 3 mars 1853, l'Institut prend le nom de Frères de l'instruction chrétienne de Saint-Gabriel. Ce changement de nom – de *Saint-Gabriel* au lieu du *Saint-Esprit* – a été voulu par le Frère Augustin, car, contrairement à la majorité des Frères, il considérait Gabriel Deshayes, et non Montfort, comme le fondateur des Frères enseignants. C'est le départ du quiproquo dont on va parler.

Une ère de turbulences, de 1889 à 1964.

✦ En 1888, le Chapitre général adopte une déclaration, reconnaissant à juste raison Grignion de Montfort, nouvellement béatifié, comme le fondateur de la congrégation des Frères de Saint-Gabriel.

✦ Deux grandes épreuves assombrirent le ciel serein montfortain. Tout d'abord, un litige qui débuta en 1889 entre les Frères de Saint-Gabriel et la congrégation des Missionnaires montfortains.

La cause de cette turbulence est attestée en 1894 dans un texte de l'évêque de Luçon où il décrit le conflit l'opposant au père Maurille, montfortain et Supérieur des trois congrégations. L'évêque de Luçon faisait confiance aux Frères de Saint-Gabriel qui avaient leur autonomie. Mais le père Maurille craignait que les Filles de la Sagesse deviennent elles aussi autonomes, et donc que lui-même perde un certain pouvoir. Au lieu de voir les trois congrégations se rattachant à Montfort devenir autonomes, évoluer et grandir en ayant de bonnes relations comme les « héritiers » d'un même Père spirituel, ayant chacune son responsable général, une « mésentente familiale » était née par une sorte de défaut institutionnel. Il y avait confusion entre autorité générale et respect de l'autonomie légitime et respective de chaque congrégation, telle que l'évêque le comprenait à juste titre.

Cette longue période de turbulences de soixante-quinze ans commencera à se résorber à partir de 1964.

✦ Une seconde épreuve est survenue pour les Frères : en 1903, le Parlement français républicain et à majorité anticléricale ne reconnaît plus l'autorisation d'existence de la congrégation des Frères de Saint-Gabriel, excepté pour les écoles de sourds-muets, parce que cette autorisation avait été signée précédemment, en 1853, par Napoléon III, vu comme usurpateur en cette période de sectarisme. Les Frères sont interdits d'existence. Certains Frères se sécularisent fictivement, d'autres – ils sont 436 – quittent la vie religieuse et, enfin, d'autres partent à l'étranger, ce qui va permettre un développement inespéré dans des pays de mission *ad extra*, où la congrégation est majoritaire aujourd'hui.

Cette épreuve n'empêchera pas la congrégation de croître en nombre, avec un noviciat implanté en Belgique, et de se répandre dans d'autres pays. De droit diocésain, elle est reconnue de droit pontifical, *ad experimentum* en 1910 puis définitivement en 1923.

✦ Revenons au litige sur les origines de la fondation des Frères. Le comble de la mésentente fut atteint l'année de la canonisation de leur fondateur : à Rome, la Sacrée Congrégation des rites, le 25 avril 1947, dénie par décret à saint Louis-Marie le titre de fondateur des Frères de Saint-Gabriel. Montfort fut canonisé trois mois après, le 20 juillet 1947, et aucun Frère de

Saint-Gabriel ne fut invité officiellement aux cérémonies de canonisation. Cependant, peu après, le pape Pie XII reconnaît que saint Montfort est le « Père très aimé » et pas seulement le « Père spirituel » des Frères de Saint-Gabriel, dans la Bulle de canonisation qui ne sera signée qu'en 1949. Pie XII a donc voulu montrer que saint Louis-Marie avait voulu des Frères et que ce n'était pas les Frères qui avaient choisi Montfort en raison de leur attachement à sa spiritualité. Le pape et le cardinal Tisserant avaient étudié le dossier et savaient bien que Montfort avait mentionné les Frères dans son testament de 1716. Quatre Frères n'avaient-ils pas prononcé des vœux en 1715 « entre ses mains » ?

Une ère nouvelle.

✦ Enfin, la Règle de Vie et les Constitutions actuelles affirment nettement la référence vitale et ininterrompue à saint Louis-Marie. Cette Règle de Vie est approuvée par le Dicastère romain pour les religieux le 28 avril 1986, jour de la fête de saint Louis-Marie de Montfort.

✦ En 1964, les trois congrégations montfortaines font des recherches en commun sur les textes de Montfort. Ces recherches aboutissent à la parution des *Œuvres complètes de saint Louis-Marie Grignion de Montfort* (Éditions du Seuil, 1966).

✦ L'année du 250e anniversaire de la mort de saint Montfort, célébrée en 1966-1967, est un événement déclencheur positif. Le F. Romain Landry, Supérieur des Frères de Saint-Gabriel, est invité à Lourdes au pèlerinage montfortain par les Pères. Dans ce pèlerinage, le partenariat avec les laïcs est déjà visible, lequel ira croissant dans les différents pays. De belles concrétisations de l'harmonie dans la Famille montfortaine se réalisent sous différentes formes, comme en témoignent les deux rencontres des Conseils généraux des congrégations à Rome : en décembre 1967 chez les Pères montfortains et celle en janvier 1968 chez les Frères de Saint-Gabriel.

✦ Le 29 septembre 1997, à l'initiative de Frère Jean Friant, Supérieur général, la rencontre commune des trois Conseils d'institut de la Famille montfortaine, à la maison généralice des Frères à Rome, a posé un geste de réconciliation et de demande de pardon, jugé nécessaire avant l'ouverture du Grand Jubilé de l'an 2000. Ce fut un point culminant ! D'ailleurs, c'était l'un des rites recommandés avant l'ouverture du Jubilé. Les membres des trois congrégations se sentent alors appartenir de plus en plus à la même Famille charismatique montfortaine en lien aussi avec leurs partenaires laïcs.

✦ Il importe de souligner que les Frères de Saint-Gabriel s'appellent dans les pays d'Asie les *Montfort Brothers of St. Gabriel*, les « Frères montfortains de Saint-Gabriel », pour mieux rendre visible l'origine de leur fondation.

Annexe 3

Repères biographiques de la vie de Jean Bulteau

✦ **23 février 1930 :** Naissance de Jean Bulteau et de sa sœur jumelle Marie-Josèphe à Belleville-sur-Vie, en Vendée. Leurs parents : Fernand, sabotier, et Élise, mère au foyer, ont déjà une fille, Denise, née en 1921, qui sera religieuse.

✦ **1942 :** Jean Bulteau entre au juvénat (niveau collège) des Frères de Saint-Gabriel, à « La Tremblaie », près de Cholet, dans le Maine-et-Loire, après avoir répondu positivement à la lettre d'un Frère qui lui présentait la possibilité pour lui d'embrasser cette vocation religieuse (*voir les repères sur l'histoire des Frères de Saint-Gabriel*).

✦ **De 1947 à 1949 :** Après avoir obtenu la première partie du baccalauréat au grand juvénat (niveau lycée) à Saint-Laurent-sur-Sèvre, il fait son postulat et son noviciat à Ardelay, Les Herbiers, en Vendée. Le 28 avril 1948, il recevra le nom nouveau de « Frère Aimé-Marie », dès son entrée au noviciat (dans la congrégation, ces noms de religieux disparaîtront à partir de 1964).

✦ **8 septembre 1949 :** Il fait sa profession religieuse temporaire. De septembre 1949 à septembre 1950, il est au scolasticat (lycée) des Frères, à La Mothe-Achard, où il réussit la seconde partie du baccalauréat.

✦ **De 1950 à 1952 :** Nommé à l'École normale des maîtres de l'enseignement catholique en Vendée, il devient professeur de mathématiques et de sciences pour les collégiens.

✦ **De 1952 à 1958 :** Il enseigne au grand juvénat des Frères à Saint-Laurent-sur-Sèvre, sauf pendant son service militaire effectué, pour une part, en Allemagne.

✦ **1956 :** Est rappelé sous les drapeaux. Il est officier pendant la guerre d'Algérie, dans un régiment de combat, faisant connaissance du futur cardinal Paul Poupard. Son régiment devait faire face à des rebelles qui voulaient l'indépendance de leur pays mais terrorisaient alors la population civile locale, européenne et musulmane.

✦ **15 août 1957 :** Il prononce ses vœux perpétuels à Saint-Laurent-sur-Sèvre.

✦ **De 1958 à 1962 :** Frère Aimé-Marie est étudiant en sciences religieuses à l'institut Jesus Magister, à Rome (université du Latran).

✦ **De 1962 à 1968 :** Il est responsable du scolasticat des Frères, d'abord à La Mothe-Achard puis, à partir d'octobre 1965, à « Notre-Dame de la Garde », à Avrillé, près d'Angers.

✦ **De 1968 à 1971 :** Ses supérieurs lui confient la responsabilité, comme Provincial, des communautés gabriélistes de Vendée, du Sénégal et du district Gabon-Congo, tandis qu'il réside à Saint-Laurent-sur-Sèvre. C'est à cette époque qu'il rencontre le mouvement des Focolari (reconnu dans l'Église sous le nom d'Œuvre de Marie), fondé par Chiara Lubich, dont il deviendra l'un des conseillers des responsables nationaux. Nourri de la spiritualité montfortaine et enrichi par la « spiritualité de l'unité » propre aux Focolari, il participe, entre 1969 et 1971, à l'élaboration de la Règle de Vie des Frères, pour mettre en pratique les décisions du concile Vatican II dans sa congrégation religieuse.

✦ **1971 :** Frère Jean devient animateur de l'équipe des trois provinciaux en France (de Saint-Laurent, de Nantes et de Poitiers), comme Provincial de France, c'est-à-dire Supérieur des Frères de Saint-Gabriel au niveau national, en résidence à Thouaré-sur-Loire (Loire-Atlantique).

✦ **1976 :** Il est élu Supérieur général de sa congrégation, avec résidence à Rome, fonction qu'il remplira jusqu'en 1988, voyageant beaucoup pour visiter les Frères, leurs communautés et leurs œuvres éducatives, sur les cinq continents.

✦ **De 1977 à 1988 :** Il est membre du bureau de l'École de la foi à Fribourg, fondée par le dominicain Jacques Loew.

✦ **1985 :** Il est auditeur au synode des évêques à Rome, en compagnie notamment de Chiara Lubich et de mère Teresa.

✦ **De 1988 à 2010 :** De retour en France, il s'engage dans l'équipe de formation permanente du diocèse de Luçon, au service des religieux et des laïcs, tout en demeurant disponible aux appels réguliers de sa congrégation pour des conférences, des sessions ou des retraites. Il est aussi très impliqué dans la préparation du pèlerinage montfortain à Lourdes, qui se déroule chaque année en avril, et dans les activités de l'Œuvre de Marie, coordonnant notamment la revue *Unité et Charismes* destinée aux religieux de diverses congrégations intéressés par la spiritualité des Focolari.

✦ **2010 :** Il entre à La Hillière, dans la résidence « Saint-Gabriel » près de Nantes, où il meurt le 14 septembre 2012, en la fête de la Croix glorieuse. Il était âgé de 82 ans.

Bibliographie

BAUVINEAU, Louis : *Histoire des Frères de Saint-Gabriel* – Rome, 1994.

BAUVINEAU, Louis : *La Mémoire de Saint-Gabriel* – Rome, 2000.

BAGUENARD, Denis : *Éduquer-Servir-Aimer. Le souffle éducatif des Frères de Saint-Gabriel* – Province de France, 2015.

BESNARD, Charles : *Vie de M. Louis-Marie Grignion de Montfort*, coll. Documents et recherches IV – Rome, 1981.

BLAIN, Jean Baptiste : *Abrégé de la vie de Louis-Marie Grignion de Montfort* – Rome, 1973.

BULTEAU, Jean : Article paru dans *GEN RE, Opera di Maria, movimento dei Religiosi. Anno VII*, 1982, n° 1, p. 24-25 – Intervention de F. Jean Bulteau à 70 Supérieurs généraux : « I Movimenti possono avere un influsso sulla vita religiosa ? »

BULTEAU, Jean : Article paru dans *Rencontres Montfortaines/Montfortian Encounters*, été 1972, n° 7, p. 1-12.

BULTEAU, Jean : *Le Mystère de la Croix dans les écrits de Montfort* – Angers, France, 1968.

BULTEAU, Jean : Lettres du Conseil général ; Lettres du Supérieur général – Rome. 1971-1988 ; 1988.

BULTEAU, Jean : *Prier 15 jours avec Louis-Marie Grignion de Montfort* (en collaboration avec Marie-Jeanne Pinardon) – Nouvelle Cité, 2016.

DE FIORES, Stefano : *Dictionnaire de spiritualité montfortaine* – Novalis, 1994.

DELORME, René (FSG) : *Des Frères, hommes de Dieu* – Lettre n° 3, 2001.

DELORME, René (FSG) : *Mission, sur les pas de Montfort* – Lettre n° 4, 2003.

FRÈRES DE SAINT-GABRIEL : *Sources de la Règle de Vie* – Préface de F. Jean Bulteau, 1987.

FRÈRES DE SAINT-GABRIEL : *Règle de Vie, Constitutions, Statuts généraux* – Rome, 1986.

GRIGNION de MONTFORT : *Œuvres complètes de saint Louis-Marie Grignion de Montfort* – Le Seuil, 1966.

Et parmi ses œuvres :

— *L'Amour de la Sagesse éternelle.*

— *Traité de la vraie dévotion à la Sainte Vierge, Préparation au règne de Jésus-Christ.*

— *Secret admirable du très saint Rosaire pour se convertir et se sauver.*

— *Secret de Marie.*

— *Cantiques des missions.*

JEAN-PAUL II : *Doctrine mariale de saint Louis-Marie Grignion de Montfort* – Lettre aux religieux et religieuses des congrégations montfortaines, 2004.

JEAN-PAUL II : *Exhortation apostolique* Vita Consecrata – Rome, 25 mars 1996.

LAURENTIN, René : *Dieu seul est ma tendresse* – O.E.I.L., 1984.

LE CROM, Louis : *Saint Louis-Marie Grignion de Montfort* – Clovis, 2003.

PEROUAS, Louis : Ce que croyait Grignion de Montfort – Mame, 1973.

REY-MERMET, Théodule : Louis-Marie Grignion de Montfort – Nouvelle Cité, (édition de 1984 ou de 1996).

UNITÉ et CHARISMES : 2012, n° 4, p. 21 : « Frère, tout simplement ».

UNITÉ et CHARISMES : 2013, n° 1, p. 26 : « Frère Jean Bulteau, artisan d'unité ».

Table des matières

Composition et mise en pages
Nord Compo à Villeneuve-d'Ascq

Imprimé en France par CPI
en août 2022

Dépôt légal : août 2022
N° d'impression : 171270